ABC das Mídias Sociais

CHRIS BROGAN

ABC das Mídias Sociais

Como aproveitar as mídias sociais para tornar os negócios mais lucrativos

Tradução
Denise Tavares Gonçalves

PRUMO
informação

Título original: *Social Media 101*

Direção Editorial
Jiro Takahashi

Editora
Luciana Paixão

Editor assistente
Bruno Tenan

Preparação de texto
Rinaldo Milesi

Revisão
Márcia Duarte
Albertina Piva

Arte
Marcos Gubiotti

Assistência de arte
Daniela Dauch

Índice
Cássia Gentile

Imagem de capa: Tom Nulens

CIP-Brasil. Catalogação na fonte
Sindicato Nacional dos Editores de Livros, RJ

B884a Brogan, Chris
ABC das mídias sociais / Chris Brogan; tradução Denise Tavares Gonçalves. – São Paulo: Prumo, 2012.
288p.: 20 cm

Tradução de: Social Media 101
Inclui índice
ISBN 978-85-7927-178-6

1. Marketing na Internet. 2. Mídia social - Aspectos econômicos. 3. Clientes - Contatos - Administração. 4. Tecnologia da informação - Administração. I. Título.

12-0377.
CDD: 658.872
CDU: 658.879

Direitos de edição para o Brasil: Editora Prumo Ltda.
Rua Júlio Diniz, 56 – 5º andar – São Paulo - SP – CEP: 04547-090
Tel.: (11) 3729-0244 – Fax: (11) 3045-4100
E-mail: contato@editoraprumo.com.br
Site: www.editoraprumo.com.br

Sumário

A minha mãe e a meu pai, Diane e Steve Brogan,
que fizeram BOA PARTE da edição deste livro e que
me ajudam a gerenciar os negócios. Quem poderia imaginar?

Introdução:

Por que você deve se importar?

Você pode estar lendo isso numa livraria ou num lançamento on-line e pode estar se perguntando por que deveria prestar atenção. Livros sobre as mídias sociais são tão ubíquos quanto livros sobre golfe, tão comuns quanto músicas de hip-hop que usam o Auto-Tune. O mundo precisa tanto de outro livro sobre mídias sociais quanto precisa de outro *reality show*.

Se eu prometer que este será um pouco diferente dos outros livros sobre mídias sociais, isso seria suficiente para você continuar lendo?

Quando Julien Smith e eu escrevemos *Trust Agents*, muita gente achou que íamos escrever sobre mídias sociais. Ele é sempre analisado como um livro sobre mídias sociais, embora não seja. Não de verdade. É um livro sobre como as pessoas podem conquistar a confiança usando muitos fatores, inclusive as ferramentas on-line.

Como não escrevi o livro que vocês esperavam, achei que poderia presenteá-los com este. *Este* é um livro sobre mídias sociais.

As ferramentas das mídias sociais não são mais novidade. Talvez elas ainda não estejam sendo usadas por sua empresa, mas estão por toda parte do mercado. Seus concorrentes as usam. E é praticamente certo que seus clientes também.

Escrevi este livro na esperança de que ele seja útil para os que já utilizam as mídias sociais e para os iniciantes que buscam um sólido ponto de partida.

É muito provável que você tenha comprado este livro para aquela pessoa do escritório que precisa "entender da coisa". Este livro vai ajudá-lo a resolver o assunto.

A repetição é abundante neste livro. Falo com frequência das mesmas ferramentas de modos ligeiramente diferentes. Isso é intencional. Apresento a informação de tal maneira que qualquer parte dela possa existir de modo independente. Chamamos isso de "dar alças para suas ideias" no livro *Trust Agents*, e o plano funciona aqui também. Ao final deste livro, você saberá exatamente o que penso de coisas como o Twitter, o Facebook, blogs e tudo o mais.

Uma nota final antes de mergulharmos: este livro é uma coletânea de vários posts publicados originalmente no site www.chrisbrogan.com. Você pode conseguir este livro (em forma bem crua) no meu blog gratuitamente (sem todas as minhas atualizações e edições). Quando Guy Kawasaki, escritor e empresário, publicou *Reality Bites*, brinquei com ele dizendo que aquilo era uma excelente coletânea da sabedoria de Guy. Estou dizendo isso porque agora terei que ouvir Guy (que faz o discurso de abertura em *muitos* palcos todos os anos) zombar de mim por ter feito o mesmo tipo de coisa.

Uma coisa eu prometo: se compraram este livro, é bem provável que aprenderão algumas coisas novas com ele. Ele está *repleto* de informações.

Vamos começar.

1

Acima de qualquer outra coisa: gente

Você manteve uma boa conversa ultimamente? O que você se recorda dela? Com quem você gosta de conversar?

Conversas precisam de pessoas, e o propósito das mídias sociais é fortalecer e possibilitar conversas de modo digital. Blogs, podcasts, videoblogs e todas as redes sociais que usamos têm só um objetivo: fornecer uma maneira de nos conectarmos. Com isso em mente, vamos começar a pensar em *gente*. Vamos pensar nas pessoas a partir da perspectivas *delas*.

O que vem a seguir são algumas ideias para nos envolvermos, respeitarmos e apreciarmos as pessoas que vão interagir nas suas mídias sociais.

As pessoas gostam de se envolver

Imagine que existe uma escolha (porque existe): você pode falar *para* as pessoas ou você pode falar *com* as pessoas. Presume-se que as outras pessoas terão a oportunidade de dizer alguma coisa em algum momento. Qual cenário você prefere: o cenário onde você fica sentado sem dizer nada enquanto alguém fala sem parar; ou o cenário em que você é tão importante quanto a pessoa que começou a conversa? Arrisco dizer que é o último.

Um modo de envolver as pessoas é fazer uma pergunta. Acabei de lhe fazer uma pergunta. Uma pergunta que fez você se voltar para si mesmo.

Outra maneira é estimular as pessoas a participar de atividades. Não permita que elas sejam a audiência. A audiência é passiva. Pense em maneiras de fazer com que as pessoas participem da história. Você pode bolar um modo de elas contribuírem? Existem maneiras de estimular atividades complementares no mundo delas?

As pessoas são ocupadas

Respeite o tempo das pessoas quando criar sua mídia. Não fique enrolando num podcast simplesmente porque você tem essa possibilidade. Katrina, minha mulher, sempre diz que "editar é ser educado". Ela quer dizer que, respeitando o tempo dos outros, você ganha a admiração deles.

Um modo de fazer isso é começar bem. Diga a melhor coisa logo de cara em seu post no blog ou em seu podcast. Dê às pessoas um resumo de para onde você vai o mais cedo possível. Muitos grandes realizadores de mídia fazem roteiros de suas produções, delineiam o que vão postar nos blogs ou, então, usam sistemas que mantêm o controle.

Certifique-se de fornecer muitas maneiras de assinar sua mídia. Postar um link de RSS não resolve tudo a menos que você mostre às pessoas como assinar do modo que *elas* queiram. Num blog, mostre a elas como recebê-lo por e-mail, se essa for a escolha de leitura delas. Num videoblog, mostre à sua audiência como ela pode se manter atualizada sobre sua mídia. Pergunte se pode avisá-las sobre mostras especiais que você não quer que elas percam, talvez enviando um e-mail. Se elas concordarem, use esse método *com moderação*. Não torne todas as mostras obrigatórias. Escolha as melhores e as indique.

As pessoas gostam de ser apreciadas

Você não está fazendo isso para si mesmo (a menos que esteja). A ideia é que você esteja tentando construir um relacionamento com um público. Se você tem um negócio, está fortalecendo sua marca, conversando sobre um produto ou promovendo algo de uma maneira mais humana, mais integrada. Se você é um indivíduo, está construindo sua reputação, compartilhando informações com quem têm ideias semelhantes às suas. Em todos esses casos, é uma via de mão dupla, e as pessoas do outro lado querem saber se você respeita isso.

Visite os sites de outras pessoas de vez em quando. Deixe comentários. Indique um ou outro post ou podcast para as pessoas que gastam o tempo delas com você. Ofereça mais do que o rolar de um blog. Ofereça consciência. Construa tráfego.

Há algum tempo, promovi o projeto do músico Matthew Ebel, o www.virtualhotwings.com, que permitia aos fãs de sua música comprarem faixas muito especiais, que não estavam disponíveis na coletânea. Mas depois o projeto enviava atualizações para novas faixas, que os compradores do projeto original recebiam de graça por ter comprado da primeira vez. Esse tipo de reconhecimento faz das pessoas interessadas em sua mídia fãs para a vida inteira.

Como produtor de um blog, de um podcast ou de outra mídia qualquer, pense em maneiras de dar às pessoas algo mais em troca da atenção que elas dão a você. Pense em maneiras de fazer ofertas especiais a fim de agradecer a alguém que é fã de seu trabalho ou, melhor ainda, encontre maneiras de promover as pessoas de sua audiência a verdadeiras estrelas de seu sistema de mídia social. Faça com que elas sejam tão importantes quanto seu relacionamento com elas.

Faça das pessoas os especialistas

Por último, encontre maneiras de explorar as competências dos outros. A razão por trás de *unconferences* como o PodCamp[1] é que o poder

1. http://podcamp.org

mental da audiência será quase sempre maior do que normalmente seria na plateia de uma palestra normal. Procure maneiras de aproveitar as competências de sua audiência. Peça que eles falem sobre diversos assuntos. Descubra o que *eles* sabem. (Você já sabe o que *você* sabe.)

É por isso que termino todos os posts com uma pergunta. É uma maneira de propiciar a interação, mas também de ficar sabendo mais sobre as pessoas que me acompanham. Aprendi há bastante tempo que as pessoas que passam tempo comigo sabem mais juntas do que eu individualmente. Posso começar um papo maravilhoso, mas elas, em conjunto, sempre têm as melhores ideias. Então, procure por elas. Busque informação. Aprenda com elas.

Além disso, as pessoas adoram dar sua opinião. É uma ótima maneira de dar a elas a oportunidade de fazê-lo.

Você já experimentou fazer isso? Qual foi o resultado?

2

O que as mídias sociais fazem de melhor

Se você ainda está procurando as melhores maneiras de explicar para a diretoria, para a sua equipe, para seus companheiros de trabalho ou para seu cônjuge o que faz uma mídia social, por que ela é diferente da antiga maneira de usar os computadores e a rede e por que pessoas a estão festejando tanto, aqui estão algumas afirmações para começar a conversa. Encaro essa discussão com uma perspectiva de negócios, mas desconfio que essas ideias também se apliquem a organizações sem fins lucrativos e outras. Ademais, como gosto de dizer, as mídias sociais não estão relegadas às equipes de RP e de marketing. Elas formam um leque de ferramentas que pode ser usado em vários negócios e de formas diferentes.

Veja o que as mídias sociais fazem de melhor.

- Blogs permitem a organização cronológica dos pensamentos, das situações, das ideias. Isso significa que possibilitam maior permanência do que os e-mails.
- Podcasts (vídeo e áudio) estimulam diferentes tipos de aprendizado – e em formatos portáteis.
- As redes sociais estimulam a colaboração, podem substituir a intranet e os diretórios corporativos, e podem promover outros canais de conversação além dos e-mails.
- As redes sociais podem reunir pessoas que pensam da mesma forma em torno de interesses comuns, com um sentimento de

grupo sobre o que é importante e o que não é, sem que seja necessário um centro organizacional externo.

- Bookmarks sociais significam que grupos inteiros podem ficar sabendo de novos artigos, ferramentas e outras propriedades da Web em vez de deixá-los todos numa só máquina, num só navegador, para uma só pessoa.
- Blogs e wikis estimulam o diálogo, o compartilhamento, a criação.
- Softwares sociais como o Flickr,[2] o Last.fm[3] e até o Amazon.com promovem o compartilhamento de informações mediado por seres humanos. Mecanismos parecidos dentro de grandes organizações seriam igualmente eficazes.
- Sites sociais de notícias mostram a popularidade de certas informações, pelo menos dentro de certas demografias. Talvez uma votação virtual dentro da empresa pudesse ser útil?
- As redes sociais estão cheias de informações para prospecção e geração de leads para vendas e marketing.
- As redes sociais apresentam ótimas maneiras de entender a mentalidade do consumidor on-line, caso isso seja útil para você.
- Versões on-line de seus materiais e mídias, especialmente em formatos que permitem o compartilhamento, significam que você está equipando outras pessoas para compartilharem sua mensagem, caso isso seja importante (se você for um marqueteiro, por exemplo).
- As versões on-line de seus materiais e mídia podem ser buscadas, e isso ajuda o Google a ajudar você a encontrar novos visitantes, clientes e possiveis funcionários.

---

2. www.flickr.com

3. www.last.fm

- As redes sociais contêm muitas informações sobre possíveis contratações, sobre seus clientes, sobre seus concorrentes.
- Os blogs permitem que você fale o que pensa e que o resto do mundo fique conhecendo seus processos de pensamento e sua mentalidade.
- Os podcasts são uma maneira de estabelecer intimidade com a informação.
- Os podcasts alcançam pessoas que estão experimentando novos aparelhos, como Droids, iPhones, iPods, Apple TVs, Zunes e outros.
- A criação de tags, e o compartilhamento de todas as outras atividades comuns na Web social, significa que a informação circula com muito mais velocidade.
- As comunidades e a mediação melhoram a qualidade da informação que você encontra e fornecem mais sobre o que você estava procurando. (Ver também Mahalo.[4])
- As inovações funcionam muito mais depressa dentro do ambiente de um software social, de conteúdo aberto ou não.
- As conversas se espalham, acrescentando megadados e maior valor negocial em potencial.
- As pessoas se sentem ouvidas.

Este é um ótimo ponto para perguntar o que não mencionei. O que mais as mídias sociais podem fazer de melhor na sua opinião?

4. www.mahalo.com

3

As mídias sociais não substituem estratégias de marketing

Sobre threading informativo, Dan Kennedy[5] salienta num post sobre os mercados hiperprodutivos que conhecer sua meta de vendas pode ser importante, mas conhecer a parte mais produtiva e rentável do grupo todo vale muito mais a pena.

Alinhado a isso está o post de Robert Middleton[6] sobre um modelo de marketing inspirado no caratê. Há muitas ideias boas nesse post, mas o ponto-chave é alguma coisa que ele ouviu numa apresentação que tinha visto:

- *Você tem de fazer com que seus consumidores e clientes consumam o que você já vendeu para eles.*
- *Você precisa oferecer novos serviços em estágios progressivamente mais complexos se vai realmente servi-los.*

Estou trabalhando no lançamento de alguns produtos novos. São projetos que têm uma mídia social forte e novos elementos de marketing. Ao trabalhar, estou pensando muito no que essas ferramentas podem fazer para as comunidades que servimos e, também, nos elementos de mercado de que minha empresa irá precisar para dar conta de tudo

---

5. http://dankennedy.com

6. http://actionplan.blogs.com/weblog/2008/07/the-karate-model-of-marketing.html

isso. Minha empresa assessora pessoas que querem se conectar; ajuda-as a fazer negócios juntas. Fazemos isso criando conteúdo, construindo eventos on-line e presenciais e possibilitando um mercado entre as pessoas que estão vendendo tecnologias emergentes e as pessoas que estão procurando compreender quais dessas tecnologias as ajudarão.

O argumento de Kennedy sobre a existência de um grupo mais produtivo dentro do grupo de seus clientes potenciais é útil. O argumento de Middleton sobre ter alguns level-up[7] trata de estreitar o funil até o limite e oferecer produtos e serviços específicos (e, por conseguinte, trabalhar com ferramentas de marketing também específicas), uma vez que você se aprofunde no território reservado a uma minoria seleta.

As mídias sociais permitem que você se expanda, mas você tem que se aprofundar

As ferramentas que usamos para criar mídias sociais (blogs, podcasts, vídeos, redes sociais etc.) são ótimas para construir relacionamentos, aumentar a comunidade, servir uma audiência, ajudar pessoas a encontrar o seu negócio e várias outras coisas.

Porém, as ferramentas das mídias sociais não foram construídas especificamente para desencavar por si só, mais clientes produtivos, Ainda é necessária uma estratégia que inclua o marketing e os produtos para ajudar a converter segmentos da comunidade em potenciais clientes. E lembre-se, como gosto de dizer: tenha clareza sobre quem forma a comunidade e quem forma o seu mercado, porque confundir os dois pode ser fatal.

---

7. Em jogos, *level-up* é quando você alcança o fim de uma série de atividades, enfrenta um grande desafio e em seguida sobe para o próximo nível. http://chrisbrogan.com/how-to-level-up/

Meus destaques e suas ideias

De Dan Kennedye de Robert Middleton, destaco os seguintes pontos:

- Ter informações e compreensão de quem forma a sua comunidade é crucial, não importa o seu conjunto de ferramentas.
- As ferramentas de mídias sociais serão úteis para a comunicação com os membros da comunidade a fim de compreender suas necessidades.
- Separar os "curiosos" dos compradores sérios ajudará os dois lados de sua comunidade.
- Encontrar maneiras de ajudar sua audiência a fazer o "level-up" dentro da comunidade auxiliaria o processo como um todo.
- Ler muito sobre as mídias sociais e sobre novas tecnologias para otimizar o modo como as ferramentas podem ser usadas.

Você leu os artigos? O que extraiu deles? Como vai introduzi-los em sua organização?

4

Dando um sentido comercial às mídias sociais

De um modo muito simples, as mídias sociais são um novo conjunto de ferramentas de comunicação e colaboração que possibilita muitos tipos de interações que não estavam anteriormente disponíveis para uma pessoa comum. Blogs, videoblogs e podcasts são ferramentas geradoras de leads ou de conteúdo de marketing. O Twitter, por exemplo, é, em parte, para atender o consumidor; em parte, marketing; em parte, colaboração de equipe; no geral, é o principal novo componente do telefone social. Todas as ferramentas de comunicação são muito mais do que simples coisinhas brilhantes usadas pelos jovens.

Ao definir como todas elas funcionam nas vendas e em marketing, perceba que usar ferramentas de escuta significa que o pessoal de vendas pode procurar novas prospecções, detectar novas oportunidades, ouvir reclamações e ficar sabendo o que estão dizendo sobre seus produtos e sobre os concorrentes. Ao compreender como essas ferramentas possibilitam uma nova forma imediata de atendimento ao cliente, aprenda o que a Comcast, a Dell, a Rackspace, a Home Depot, o Hotel Roger Smith e muitas outras aprenderam: as pessoas estão falando de você. Você tem de responder.

Existem oportunidades de negócios em todo lugar para essas ferramentas. Estou trabalhando fundamentalmente com as empresas da lista da Fortune 100, com gerenciamento de comunidades, marketing de conteúdo, implantação da presença on-line ou melhoria no alcance dessa presença. Desenvolvemos canais de vendas com diversas ferramentas. Acumulamos experiências de eventos para melhorar os leads. Aumentamos os materiais de marketing e promovemos experiências comunitárias em torno de marcas e produtos.

Mas ainda existe muito mais. Você e eu abordaremos isso sob muitos aspectos. Fique comigo.

5

As mídias sociais como poder pessoal

Softwares empresariais não são muito sexy. Concordo com a perspectiva de Robert Scoble[8] sobre isso. E embora outros discordem, gente como Nick Carr[9] compreende o ponto de vista de Scoble. A conversa em torno do argumento é que as aplicações para empresas não foram feitas para serem sexy; elas foram feitas para trabalhar sem falhas para a organização. Bom, aqui é que fica interessante para mim.

As mídias sociais trabalham para você

Todas as ferramentas que as mídias sociais têm em seu arsenal – blogs, podcasts, videoblogs, microblogs (Twitter,[10] Posterous,[11] Tumblr[12]) e todo o resto – são equipadas para oferecer-lhe poder pessoal. O que eu quero dizer com isso?

- *As mídias sociais lhe dão uma voz.* Embora algumas organizações tenham políticas duras contra blogs sobre a organização, seria difícil para elas impedir que você criasse um blog sobre outras áreas de seu interesse, suas paixões e coisas que não se relacionam ao seu trabalho diário.

---

8. http://scobleizer.com/2007/12/09/why-enterprise-software-isnt-sexy/

9. www.roughtype.com/archives/2007/12/michael_krigsma.php

10. www.twitter.com

11. http://posterous.com

12. www.tumblr.com

- *As mídias sociais lhe dão um público.* Em vez de esperar que a grande mídia determine se as suas ideias são dignas de uma grande audiência, você tem a oportunidade de construir um público. (E, acredite, existe público para tudo.)
- *As mídias sociais lhe dão flexibilidade.* Você é melhor fotografando? Use o Flickr. Não é tão fissurado em tecnologia? Use o Utterli. É um futuro Kubrick? Faça um videoblog. Hemingway? Escreva um blog.
- *As mídias sociais lhe dão uma audiência global.* Tudo bem, o que acontece dentro da firewall é uma coisa, mas o que acontece na internet chega praticamente a qualquer lugar (o que é um alerta, mas também um benefício).

Maneiras de acentuar seu poder nas mídias sociais

Se você desejar usar sua mídia para algo mais além de se expressar, existem muitas maneiras disponíveis de desenvolver um sequenciamento e utilizar a audiência para o bem de sua comunidade. Pense em algumas das seguintes questões:

- Encontre gente que faz mídia e pensa como você. Se você tem um blog sobre o desenvolvimento de nações ou organizações sem fins lucrativos, encontre grandes figuras como Beth Kanter.[13] Se você está escrevendo sobre apresentações, conecte-se a Heidi Miller[14] e ao Presentantion Zen.[15] Existe uma força nos números.

---

13. http://beth.typepad.com
14. http://heidimillerpresents.com
15. www.presentationzen.com

- Use o Twitter para desenvolver relacionamentos ao se *comunicar* com pessoas e encontrar gente que esteja interessada nas coisas que você acha interessantes.
- Contribua com o projeto de outras pessoas e seja útil. Pense em inúmeras maneiras de ser útil.
- Ajude as pessoas a se conectarem. Esse é um gesto que as pessoas raramente esquecem. Aqueles que continuam a dar de si mesmos acabam fazendo grandes amigos e uma comunidade ativa e envolvida.

O cerne desta ideia é que existe força nos números. Uma só voz nada mais é do que uma gota de chuva. Muitas vozes formam uma enxurrada. (Essa frase é um eco de um áudio feito por Christopher S. Penn[16] para o primeiro PodCamp, e que eu nunca esqueci.)

Use o seu poder para o bem

As mídias sociais podem ajudá-lo a fazer muitas coisas, desde coisas simples como encontrar em emprego (muitos de nós usam os blogs como um tipo de currículo vivo) até participar de causas sociais e de eventos que podem mudar o mundo.[17] Entre todos os benefícios de construir uma comunidade de vozes ativas, talvez o maior seja poder usar essas vozes para ajudar outras pessoas.

Diferente de um aplicativo para empresas

As ferramentas de mídias sociais são construídas para conectar vozes individuais a uma comunidade. A unidade básica de todas (a maior

---

16. www.christopherspenn.com

17. http://twitter.com/santacause

parte?) as aplicações de mídias sociais é o indivíduo. Podemos reunir grupos no Facebook, mas começamos com um perfil individual. Podemos seguir pessoas de que gostamos no Twitter e acrescentar amigos no Seesmic,[18] mas somos, antes de tudo, uma produtora de uma só pessoa.

Ademais, as ferramentas de mídias sociais fazem um grande trabalho capturando informações não estruturadas, como Rachel Happe, do IDC, salientou em sua palestra sobre redes sociais nas empresas. Use essa diferença porque o poder vale a pena. Use coisas como blogs, Utterz[19] e wikis para reunir, anotar, esticar, conectar e organizar informações que não têm um lar em cenários mais formais.

Como um prêmio extra, as ferramentas de mídias sociais podem agir perfeitamente como uma ferramenta de *crossover.* Por exemplo, você pode usar o Twitter com colegas *e* amigos de outras organizações (dependendo da política da empresa, é claro). Você pode fazer um blog de ideias, inspiração e colaboração e usar o que aprender para desenvolver seus projetos profissionais. Essas ferramentas são perfeitas para a tarefa ocasional de sustentar seu interesse mais marcante em seu trabalho diário, ao mostrar a você que existem mentes engajadas fazendo coisas incríveis por aí.

Onde está a sua capa?

Demos o pontapé inicial no primeiro PodCamp[20] dizendo que todos na audiência eram super-heróis. Eles tinham seu trabalho durante o dia, suas vidas de Clark Kent, mas depois eles tinham essas ferramentas

---

18. http://Seesmic.com

19. www.Utterz.com

20. http://PodCamp.org

e essa comunidade que ia muito além da firewall. As pessoas dentro do PodCamp se relacionam umas com as outras de maneiras que não espelham uma hierarquia corporativa típica.

No PodCamp Europa, tínhamos gente da Nokia e da Ericsson na plateia, ouvindo e respondendo às sessões sem nenhuma competição. Frequentemente temos empregados da Apple e da Microsoft na plateia. É fácil esquecer a competitividade, o mundo cão, quando você está no PodCamp, porque lá as pessoas estão mais interessadas em aprender sobre as ferramentas, desenvolver a comunidade e construir um relacionamento mais sólido com as comunidade de interesse.

Cresci no Maine. Adoro aquele lugar, mas em muitas ocasiões eu me sentia fora de compasso com as pessoas que moravam em meu bairro. Conforme a internet se desenvolvia, as oportunidades para me comunicar com gente que pensava como eu também se desenvolveram. E agora, com todas essas ferramentas, tenho o poder de me comunicar e manter conversas de muitas maneiras com grupos excepcionalmente variados.

É aí que reside o poder de tudo isso. Não é ter um site bem classificado no Google. Não é uma nova maneira de vender coisas para as pessoas. E certamente não se trata de recriar os meios de comunicação na net. Conexões. Pura e simplesmente conexões. Você só precisa ler dois posts[21] recentes feitos por Shel Israel para ver o poder que *você* pode exercer.

E agora, como você vai usar tudo isso? Como você *está* usando? O que você acha dessa conversa de poder e capacidade?

---

21. http://redcouch.typepad.com/weblog/2007/12/lionel-at-dell.html

6

As mídias sociais para a sua carreira

O ambiente de uma carreira hoje em dia é diferente, pelo menos para os que trabalham com informação. A diferença é que existem mais maneiras que influenciam o ato de procurar um emprego do que no passado. Você provavelmente já sabe que este velho ditado é uma verdade: "Não tem a ver com o seu conhecimento, mas com quem você conhece". Bem, o número de pessoas que você conhece aumentou um pouco graças às redes sociais; e o que as pessoas sabem sobre você também aumentou graças, em parte, às várias ferramentas que você pode empregar nas mídias sociais.

A seguir, algumas ideias para construir sua presença on-line tendo em mente sua carreira.

Seu blog é um currículo

Se você não pensou nisso ainda, deixe-me informar-lhe que meu blog foi responsável por *centenas* de contatos ao longo dos anos. Por quê? Porque as pessoas que talvez queiram saber sobre usar vídeo, blogar ou fazer podcasts ou juntar tudo isso em uma estratégia veem exemplos quase diários do que penso, do que sei; e elas sabem que consegui incorporar algumas dessas coisas em minha própria vida e carreira.

Blogar sobre isso é como escrever sobre minhas experiências em um currículo, linha por linha (só que menos tedioso).

Use as ferramentas a seu favor

A história de nossas vidas profissionais e a história do que fazemos depois do trabalho, quando estamos expressando nossas paixões, agora podem ser contadas de maneiras que não estavam disponíveis para nós antes. Com ferramentas gratuitas e distribuição gratuita ou muito barata, você pode compartilhar suas realizações com o mundo e, também, com o Google, que a maioria dos empregadores usam para prospectar quando querem contratar alguém.

Elementos a considerar

Uma vez que você começar a pensar em seu blog como um modo para que as pessoas saibam mais sobre você, sobre o que você defende, quem você é, você pode pensar em fazer algumas coisas:

- Pense em colocar sua foto na página principal. Admito que levo isso ao extremo, mas que assim seja. Você nunca vai *deixar* de me reconhecer em uma conferência ou em um evento social, e este é o meu objetivo.
- Faça sua página "sobre mim" ser sólida. Escrevo bastante sobre quem eu sou, onde me encontrar, quais são minhas paixões etc. No meu caso, tenho até uma página falante[22] para que as pessoas saibam sobre o que falo em eventos (ou um pouco do que falo).
- Seja fácil de contatar. Meu e-mail está bem ali no blog e também meu número de telefone. As pessoas usam os dois o tempo todo,

22. www.chrisbrogan.com/connect/

e isso me proporciona oportunidades interessantes que nem sempre vão parar na seção de comentários.

- Pense no que você vai falar em seu blog. Mesmo que você não considere o blog o seu currículo, o Google ajudará empregadores em potencial a perceber sua presença na Web.

O currículo das mídias sociais

Listar seus empregos e cargos anteriores não dá uma ideia completa de quem você é, do que você sabe, do que é capaz e de quem você conhece. Existem outras maneiras de fazer isso. Talvez você deva pensar em postar mais informações sobre si mesmo on-line. Sempre existem maneiras de fazer isso que não parecem tão ameaçadoras para os empregadores.

Se você ainda não pensou em usar o LinkedIn,[23] isso é básico. Mas o LinkedIn ainda é só um currículo, com algumas (muito úteis) características acrescentadas a ele. O LinkedIn pode ser explicado para empregadores cautelosos como uma maneira de formar uma rede com colegas de sua área e encontrar pessoas para compartilhar interesses. Mas não pare por aí.

Pouca gente falou sobre um currículo para mídias sociais. Meu primeiro contato com um foi num post de Bryan Person,[24] com um link para seu próprio currículo para mídias sociais. Não fiz um especificamente porque creio que meu perfil no LinkedIn[25] cobre todos esses pontos, mas consigo ver alguém escolhendo separar as credenciais profissionais de sua experiência com a mídia social, e essa seria a ferramenta certa.

---

23. www.linkedin.com

24. www.bryper.com/2007/10/08/die-resume-die-die-die/

25. www.linkedin.com/in/chrisbrogan

Primeiro, devo dizer que tenho um problema com a ideia tradicional de formação de rede, no sentido social. Acredito que formar uma rede é parecido com aquelas reuniões em coquetéis, onde a gente fica lá de pé perguntando um ao outro o que podemos fazer um pelo outro. Embora eu entenda que isso tem um intuito genuíno, raramente encontrei o tipo certo de relacionamento fazendo essa dança superficial nesse tipo de evento. É raso demais para o meu gosto.

As redes sociais on-line são diferentes, na medida em que temos a oportunidade de saber mais sobre alguém através de repetidas interações. Se você e eu somos amigos no Twitter, consigo ver o que você julga interessante o suficiente para postar. Se somos amigos no Facebook, posso saber *muito* sobre seus interesses e outras coisas que você coloca em seu perfil, a que grupos pertence e em que outras mídias você posta.

Mais uma coisa sobre o Facebook:[26] a questão de se ele serve para negócios está vindo de gente que não está lá só para se distrair. Não é a melhor opção para empresas, e posso dizer muitas coisas que detesto nele, mas é uma maneira de encontrar um perfil mais rico de alguém do que no LinkedIn, e é isso que conta aqui.

Acho que as redes sociais, blogs e vários outros lugares, como o Twitter, o Facebook e o Flickr, são grandes pontos de contato para compreender os interesses e gostos pessoais de alguém e, também, para conhecer um pouco sobre as inclinações profissionais dessa pessoa.

A rodada de bônus

Você pode pensar em fazer um vídeo sobre si mesmo. Um vídeo traz alguma coisa diferente, mais íntima, e as pessoas podem ver mais quem você é e como age.

---

26. www.facebook.com

Um amigo chamado Ben Yoskovitz fez uma *start-up* com a ideia de recrutamento em vídeo.[27] É brilhante, na verdade, porque acrescenta aquele pedacinho que estava faltando.

E fazer um vídeo não é algo muito difícil hoje em dia. Você pode usar uma câmera Flip e inserir um vídeo no YouTube sem grandes esforços.

Agora, fazer um vídeo *bom* é outra história, mas você pode pensar em pedir ajuda a um especialista.

Uma nota sobre *onde* encontrar empregos

Isso é algo que mudou muito nos últimos anos. Blogs e sites populares agora têm seus quadros de empregos (como o 37 Signals,[28] o TechCrunch,[29] e toneladas de outros). Não existe só o mundo do Monster[30] ou do HotJobs.[31] Agora, pessoas e indivíduos estão se tornando *hubs* para empregos. Ah, e não se esqueça do Craigslist.[32]

A todo momento, tenho alguém me importunando acerca de uma vaga para trabalhar com mídias sociais, ou um engenheiro de programas, ou alguém que tem habilidades na internet que não são fáceis de encontrar peneirando currículos. Então esteja atento para isso também. Às vezes, os empregos não estão circulando nos lugares tradicionais, e as pessoas que podem estar querendo achar você estão on-line.

---

27. http://standoutjobs.com/site/
28. http://37signals.com
29. www.techcrunch.com
30. www.monster.com
31. http://hotjobs.com
32. www.craigslist.org

7

Reunindo algumas tendências

Alguma coisa foi colocada em andamento, e ela lida com vários pedaços da torta da economia, que muda ao mesmo tempo. Na verdade, é um pouco estranho que o último livro de Richard Florida, *Who's Your City? How the Creative Economy Is Making Where to Live the Most Important Decision of Your Life* (Quem é sua cidade? Como a economia criativa está tornando onde viver a decisão mais importante de sua vida), seja tão oportuno. Para uma conexão com mais tendências, acrescente uma pitada do Seth Godin[33] de maio (que ficou na minha cabeça desde então).

Se você for empregador, pense sobre os pontos seguintes.

A conectividade está em toda parte

Sai mais caro acomodar uma equipe de trabalho do que gerenciá-la de modo remoto. Considere itens como o custo por metro quadrado, o custo dos serviços internos, o custo do alvará de funcionamento, os custos com a rede de banda larga, os custos de energia elétrica, aquecimento ou ar-condicionado, todas as coisas pelas quais você paga para deixar as pessoas confortáveis dentro de um escritório.

Você tem receio de que eles não trabalhem se não estiver de olho neles?

---

33. http://sethgodin.typepad.com/seths_blog/2008/05/the-new-standar.html

Mude a avaliação de "estar presente" para "o que você fez". Avalie resultados baseado em pedaços de informação, objetivos alcançados, negócios que avançaram.

Eu tenho a Verizon EVDO e estou escrevendo este texto ao lado de onde minha filha está nadando. Posso trabalhar em *qualquer lugar* onde haja sinal. Muitos também podem fazer isso. Na verdade, realizo meu trabalho de modo muito melhor em um lugar remoto (além disso, ganho as quatro horas em que estaria dirigindo, duas para ir e duas para voltar, ao custo de US$ 66 por tanque de gasolina duas vezes por semana ou mais).

O funcionário com participação solta

A era das marcas com propriedade dividida já se consolidou. Anos atrás, havia somente Robert Scoble. Extasiados, nós o vimos dar uma cara nova para a Microsoft. Depois, ele mudou para a PodTech, e não foi assim tão estranho. Foi estranho na FastCompany? Na Rackspace? Um pouquinho. Olhe a última edição impressa da FastCompany e veja quantas vezes ele menciona um funcionário, e não o chefe.

Charlene Li deixando a Forrester é uma notícia e tanto para muitos de nós da área. Por quê? Porque há cinco anos todos brigavam para *entrar* na Forrester. A propósito, acho que é uma empresa ótima, com gente boa e tudo o mais. Não é essa a questão.

Jeremiah Owyang saiu um pouco depois, para unir-se a Charlene na Altimeter. A maior parte das estrelas da Forrester já saíram do ninho, mas não se trata só da Forrester. É a tendência. Acontece em toda parte.

E quanto a Chris Brogan como uma marca? Passei de funcionário de Jeff Pulver a funcionário de Stephen e Nick Saber e, depois, a presidente de uma empresa fundada com Stephen e Nick. Em todas essas mudanças, sempre dei atenção a minha marca pessoal, mas também apoio à empresa que me pagava. Creio que esta será uma tendência. Como empreendedor, mantenha em mente uma rede extensa de agentes.

Como o lugar importa

O post de Seth Godin sobre conferências e lugares de trabalho[34] me soa como algo duplo. Estou no ramo de dar conferências (pelo menos parte de minha renda é proveniente de eventos). É meu dever convencer milhares de pessoas de que tenho grandes oradores, exibidores envolventes e frequentadores apaixonados que elas podem vir a conhecer.

O post de Shel Israel[35] diz que mais empresas usarão as ferramentas de mídias sociais por razões econômicas:

> As empresas irão cada vez mais utilizar as mídias sociais para se aproximarem dos clientes. Isso, naturalmente, já está acontecendo e acontecendo em um ritmo muito mais rápido. Mas creio que a tendência está para ser acelerada. Como está ficando muito caro e inconveniente encontrar-se frente a frente no mundo real, haverá mais esforços para trazer a conversa para o segundo melhor lugar, na forma de comunidades virtuais.

Steve Rubel afirma:

> Os Nômades Digitais[36] estão crescendo em números e isso causará uma grande onda. Essa tendência acelerará o uso das tecno-

34. http://sethgodin.typepad.com/seths_blog/2008/05/the-new-standar.html

35. http://redcouch.typepad.com/weblog/2008/07/social-media-th.html

36. www.digitalnomads.com

logias da Web 2.0 no local de trabalho. Com o tempo, isso pode diminuir a eficácia do marketing por e-mail e acelerar a confiança no envolvimento com as mídias sociais.

Mas a coisa vai ainda mais fundo. Se você não permitir que seus funcionários se tornem nômades, eles podem fazê-lo e até competir com você no processo.

Onde tudo isso vai dar?

A curto prazo, creio que acontecerão algumas coisas. Creio que os empregadores estão definitivamente em uma posição em que têm de pensar em como seus funcionários trabalham. Por um lado, os desafios de gerenciamento são imensos. Não é fácil promover mudanças de liderança e estilos de administração. Por outro lado, quando existe a possibilidade de cortar custos, uma mudança na flexibilidade pode reservar algumas recompensas ocultas. (Horários flexíveis fizeram isso com muitas empresas. De repente, elas tinham o equivalente a turnos de trabalhadores sem terem de pagar nenhum extra.)

Penso também que a noção de funcionários-como-marcas-como-funcionários vai incitar mais ideias a curto prazo, mas pode começar a fazer mais sentido quando nos tornarmos mais confortáveis com esse estilo de vida. Neste momento, as empresas estão organizadas no estilo da década de 1950. Se pudermos adaptar estilos de avaliação e gerenciamento, acredito que os benefícios futuros irão superar as dores de cabeça nesse ínterim. Será que todos os funcionários em todas as empresas sentirão essas mudanças? Não. E pelo menos alguns funcionários ainda terão de permanecer na prática e por perto. (A propósito, muita gente não consegue se autogerenciar muito bem e não pode trabalhar de modo remoto porque se distrai facilmente.)

Um de nossos clientes, a Citrix On-line, trabalhou conosco para lançar o blog Workshifting.com, que fala especificamente sobre isso. Nós escrevemos juntos sobre a força de trabalho móvel e distribuída. Isso não é um talvez. É um agora, e um "e agora?".

O custo dos combustíveis está aumentando. A banda larga chega a qualquer lugar. Os empregos estão se transformando em produção de conhecimento e em comunidades em rede, em vez de assuntos que exigem a presença de pessoas.

O quadro realmente é bem complexo, mas não sei se vamos impedi-lo.

O que você diz? Você poderia trabalhar de modo remoto? Já trabalha? Como o preço do combustível o afetou? O que o motiva a comparecer pessoalmente a um evento hoje em dia? Você mudará suas tendências para ir a conferências nos próximos anos? E quanto a suas tendências de contratação?

8
A importância vital de sua rede

Dois grandes posts que encontrei on-line me mostram que não sou só eu que estou pensando nisso. Tim Sanders afirma que deveríamos renovar nossa rede[37] com frequência, e Jeremiah Owyang relata os riscos e oportunidades[38] inerentes em sua rede. Tudo aponta para a mesma direção: você tem de pensar conscientemente sobre como usa as redes sociais e você tem de construir relacionamentos que sejam desacoplados de objetivos.

Mantenha a sua rede viva

Em sua apresentação, Christopher S. Penn frequentemente cita uma frase que uso e que o criador de eventos Jeff Pulver e visionário das comunidades me disse no primeiro dia de trabalho: "Você vive ou morre através de sua base de dados". Lembre-se de que faço muitos eventos, e é em parte por isso que faço essa afirmação, mas ela também vale para pessoas em todas as áreas de negócios.

Pense sobre isto: se você perder seu emprego hoje, quantas pessoas consegue contatar e quem lhe seria útil? Pense com mais afinco sobre os nomes dessas pessoas. Você tem falado com elas ultimamente de *alguma* forma?

---

37. http://sanderssays.typepad.com/sanders_says/2008/07/refresh-your-ne.html

38. www.web-strategist.com/blog/2008/07/22/the-intangible-risk-and-opportunity--your-network

Como você permanece conectado às notícias de sua rede? Você acompanha o *stream* de notícias no LinkedIn? Você acompanha as atualizações no Facebook, no FriendFeed[39] e em outras redes sociais? Gastar vinte minutos, ou até menos, nessas plataformas quase sempre fornece alguma informação interessante e, às vezes, pode instigar uma mensagem para alguém na sua rede.

Aqui estão algumas práticas a serem consideradas:

- Passe vinte minutos do dia observando sua rede. Se alguém está off-line a maior parte do tempo e não é usuário da rede social, dedique alguns minutos para enviar alguns e-mails e saber como está o mundo dessa pessoa.
- Passe dez minutos do dia (eu passo um pouco mais) cultivando novos relacionamentos. Pode ser participando de redes sociais, lendo novos blogs e fazendo comentários, frequentando eventos presenciais ou muitas outras coisas. Se você não aumenta sua rede, está estagnado.
- Use um sistema de gerenciamento de contatos organizado, mas faça backups frequentes dos arquivos do sistema em formato CSV ou XLS em algum lugar seguro (por exemplo, não confie 100% nas plataformas on-line para guardar suas informações). Eu estou usando o BatchBook[40] agora. (Revelação: a BatchBook me deu uma licença gratuita em troca de uma resenha, mas ele não é caro.)
- Nunca, nunca, nunca encha essa lista de nomes com piadas idiotas, atualizações sobre sua vida (a menos que seja algo incrivelmente

---

39. http://friendfeed.com

40. http://batchblue.com

importante) nem outras bobagens. Tente não mandar mensagens para *todo mundo*, jamais. Em vez disso, segmente a informação de modo que você converse com a pessoa que importa para o tópico em questão.

- Dê duas ou três vezes mais valor do que você exige de sua rede. Isso mantém as pessoas ávidas para ajudar quando chegar a hora que você precisar delas.
- Nunca faça muito alarde sobre ter ajudado outros em sua rede.
- Tudo bem dizer não (com educação!) a pedidos de acesso através de sua rede caso você fique preocupado com a intenção da pessoa que pediu.

Me fale de sua rede

Como sua rede impactou o modo como você vive ou conduz os seus negócios? Você pertence a alguma rede, on-line ou off-line, que lhe deu valor de volta? (Meu sócio da empresa é formado na Escola de Administração de Empresas de Harvard e a base de dados que ele pode acionar é inacreditável). Como você está mantendo sua base de dados renovada e vibrante?

Por fim, você está vivendo sua vida on-line de modo consciente com relação a construir e manter uma rede significativa?

9

Usando as redes sociais e as mídias off-line

Um grande amigo meu mencionou que todo o meu material de mídia social era ótimo, mas que ele ficou frustrado porque boa parte de seus contatos não estava particularmente ligado à Web e não usava computadores com muita frequência. Compreendi rapidamente que os computadores não são requisitos absolutos para tentar obter os mesmos resultados que sempre prego. Na verdade, isso também me abriu os olhos.

Ligando-se através das redes sociais (on-line para off-line)

On-line: mensagem de status, como no Twitter ou no Facebook.

Off-line: rápido telefonema para ver se alguém comparecerá a um evento.

On-line: post em um blog.

Off-line: carta ou informativo.

On-line: amizade.

Off-line: conhecer pessoas novas em eventos.

Mídias sociais (on-line para off-line)

On-line: Flickr.

Off-line: mandar algumas fotos para pessoas.

On-line: podcasts.

Off-line: mandá-las em um CD.

Você compreendeu

Em essência, você pode fazer a maior parte das coisas que faz on-line em um cenário off-line. Só leva um pouco mais de tempo e dá um pouco mais de trabalho. Mas a *motivação* por trás do que fazemos no espaço das redes sociais pode ser realizada off-line e, provavelmente, nos ajudaria um pouco fazer isso.

10

Velocidade, flexibilidade, economia

Você acha que as mídias sociais não têm nada a oferecer ao seu negócio "tradicional"? Posso dar-lhe razões sob qualquer um desses três pontos de vista: velocidade, flexibilidade e economia. Quanto mais as nossas ferramentas forem capazes de aproximar e/ou melhorar a interação humana e se distanciarem de exigir uma abundância de conhecimentos técnicos, aqueles que estão explorando e experimentando essas ferramentas terão uma vantagem que poderá ser medida em velocidade, adaptabilidade e custo operacional.

Estamos falando de marketing de departamento. Não estamos equipando profissionais de RP. Não é um novo conjunto de ferramentas para lançar campanhas. São ferramentas para melhorar a interação, são ideias incrivelmente poderosas e que mudam o jogo quando você considera que a maioria dessas soluções têm muito menos impacto sobre os recursos de negócios tradicionais.

Velocidade

Nos Estados Unidos, em 2008, um celular "inteligente" custa somente 150 dólares e uma conta com um pacote de dados custa menos de 50 dólares. Os pontos de wifi são cada vez mais comuns. Um laptop razoável, equipado para tecnologia wireless pode ser comprado por menos de 500 dólares. Com esses dois tipos de unidades como base de sistemas, podemos produzir as seguintes capacidades:

- Comunicação instantânea de voz, texto, e-mail, fotos, vídeos e até de geolocalização.
- Navegação em busca de informação, incluindo buscas através de SMS e busca de voz (Google[41]).
- Informação de status de presença (Twitter, Jaiku,[42] Six Apart[43]).
- Compartilhamento de documentos (Google Docs[44]).
- Conferências de voz (FreeConferenceCall[45] e milhares de outros).
- Acesso a milhares de aplicações e dados armazenados na rede.

Tudo isso sem um cubículo. Tudo sem um escritório, sem um gerente, sem nenhum tipo de estrutura. Podemos trabalhar em cafeterias e bibliotecas, em hotéis e no escritório do andar de cima, no acostamento da estrada ou do outro lado do planeta. Com rapidez.

Flexibilidade

Há cerca de cinco anos somente, analisávamos qual software nossas organizações comprariam com base nos sistemas operacionais que utilizávamos. (Talvez a sua ainda seja assim.) Antes disso, tínhamos de escolher entre *token ring* e Ethernet, beta e VHS. (Agora, existe Blu-ray e HD DVD, mas você não está muito a fim deles, certo?) Hoje, somos flexíveis. Existem algumas considerações a serem feitas, mas com *tantas* aplicações em nuvem acessíveis através dos navegadores,

41. www.google.com
42. www.jaiku.com
43. www.sixapart.com
44. http://docs.google.com
45. www.freeconferencecall.com

boa parte das coisas que escolhemos para nos equipar é uma escolha pessoal, e quem decide isso é o nosso acesso à internet, mais do que qualquer outro fator.

- Office apps via Google ou Zoho,[46] ou versões para desktop do OpenOffice.
- Sistemas operacionais gratuitos como o Ubuntu (e centenas de outros distribuídos pelo Linux) são irrelevantes com o navegador sendo nossa verdadeira escolha de compatibilidade.
- Colaboração através de wikis, espaços compartilhados como o Facebook ou em comunidades Ning.[47]
- Conversas em todos os sistemas múltiplos de mensagens instantâneas (IM) Vendors via Adium,[48] Trillium[49] ou Meebo.[50]
- Blog em WordPress,[51] Blogger,[52] Movable Type,[53] Vox,[54] ou qualquer outro.
- Bases de dados instantâneas através do Freebase[55] ou do Zoho.
- Armazenamento de arquivos através do Box[56] e de muitos outros.

---

46. www.zoho.com
47. www.ning.com
48. http://adium.im
49. www.trillium.im
50. www.meebo.com
51. http://wordpress.com
52. www.blogger.com
53. www.movabletype.com
54. www.vox.com
55. www.freebase.com
56. http://box.net

- Hospedagem de vídeos no Blip.tv,[57] no Brightcove,[58] no YouTube.[59]

Podemos escolher dentre infinitas fontes, misturar e combinar. A flexibilidade é imensa. Você não precisa escolher o que o seu vizinho escolheu. Os e-mails podem ser do Gmail, do Yahoo! ou qualquer outro. Só use um servidor de entrada de e-mails POP3 para manter a consistência com as fontes externas.

Economia

Por que pagar quando você pode ter de graça? O custo não implica confiabilidade, assim como o fato de ser gratuito não quer dizer que você vai usá-lo por mais tempo. O Google é gratuito e é mais variado do que qualquer outro centro de dados. Se você precisa levar em conta o orçamento ao pensar nas mídias sociais, como em todo o resto, as coisas acabam dependendo somente dos seres humanos envolvidos. Muitas empresas estão usando modelos de programas que aceitam anúncios. Outras estão usando serviços e add-ons, e implementações por trás da firewall para sustentar seus esforços. A questão continua a mesma: você não tem de pagar nada (ou muito) para entrar no jogo.

- Use o Skype[60] para conversar gratuitamente (e o SkypeOut é barato).
- Use o WordPress.com para hospedar seu blog gratuitamente ou o Blogger, ou o Vox, ou o Tumblr.

---

57. www.blip.tv

58. www.brightcove.com

59. www.youtube.com

60. www.skype.com

- O Facebook é gratuito. O Twitter é gratuito. O Gmail é gratuito. O Google Docs é gratuito.
- Os wikis são gratuitos. O Freebase é gratuito. O Zoho é gratuito.
- O *armazenamento* é barato (quase sempre gratuito) para as pessoas que fazem as mídias. Orce quanto custa armazenar 500 GB hoje em dia e verá que custa menos do que você pagava por uma caixa de disquetes em meados da década de 1990.

Existem outros custos para renovar as ferramentas de suas práticas negociais e afins. Mas qual é o retorno? Se você ficar mais rápido, mais flexível e isso não custar nada mais para a empresa, qual é o problema?

Tenha mais cuidado com aqueles que vendem "soluções mais robustas" do que com o que é dado de graça. O que está aí para todos de graça funciona muito bem para muita gente. Muita gente está fazendo coisas importantes e usa apps gratuitos, os apps para a Web, que segundo alguns "não dão para ficar conectado o tempo todo".

O que está segurando você? Que motivos você tem ouvido que o impedem de usar tecnologia da informática social para melhorar a maneira como as pessoas fazem negócios em sua empresa?

11

A enganação nas mídias sociais

Meu amigo Justin Kownacki, criador e produtor da série de comédia para a internet *Something to Be Desired*,[61] organizador do PodCamp de Pittsburgh e muitas outras coisas, publicou um ótimo post[62] questionando o que qualifica alguém a ser um especialista em mídia social. Muito corretamente, ele me questionou sobre minha aplicação do termo *especialista* às minhas experiências e à compreensão do espaço. Na PodCamp é importante questionar, ser crítico e deixar nossos motivos e nossa expressão acerca dessas coisas claros e transparentes. Isso me levou a pensar no rótulo de "especialista" e a analisar o que ele poderia significar para pessoas em busca de informação no espaço das mídias sociais.

Especialista ou consultor

Horas depois de ler esse post de Justin, eu estava relendo uma parte de *Strategy and the Fat Smoker*, de David Maister, um excelente livro sobre como fazer as pessoas fazerem coisas que elas sabem que deviam estar fazendo. Maister salienta que se rotula como um *especialista* é enviar uma mensagem dizendo que o especialista está no controle, que ele ou ela deve ser considerado acima dos outros, e que o cliente precisa do especialista para completar a transação.

61. www.somethingtobedesired.com

62. http://justinkownacki.blogspot.com/2007/12/what-makes-social-media-expert.html

Maister continua dizendo que um *consultor*, por outro lado, é alguém que mantém um relacionamento com o cliente, alguém que quer oferecer opiniões baseadas em sua experiência e ao mesmo tempo acrescentar à conversa uma característica de consideração mútua. Um especialista, na opinião de Maister, é alguém que procura um encontro de uma noite só, enquanto um consultor é alguém que procura um romance. (Recomendo muitíssimo *Strategy and the Fat Smoker* para quem estiver interessado em liderança e/ou relacionamentos de trabalho.)

Percebi imediatamente que mudaria minha marca na barra de rolagem de meu website para "consultor". Minha razão é que concordo com a avaliação de Maister. Acredito que estou interessado em ter um relacionamento com uma organização ou um indivíduo no qual possamos conversar sobre opiniões e experiências e em que eu ajude com resultados em potencial. Concordo porque já sou um consultor para um punhado de empresas.

As mídias sociais enquanto clichê

Tão batido quanto *Web 2.0*, o termo *mídias sociais* é jogado de um lado para o outro o tempo todo. Defino mídias sociais como "a Web de mão dupla". Isso inclui tudo, de blogs a vídeos e podcasts, de compartilhamento de fotografias e uso de redes sociais como o Twitter e o Facebook, por exemplo. O clichê tem significados ligeiramente diferentes para gente diferente.

Algumas grandes empresas de mídia fazem do termo um sinônimo para "conteúdo gerado pelo usuário", que eles veem como amadorístico, gratuito e, de muitas maneiras, inferior ao "conteúdo gerado por profissionais". Não igualo as mídias sociais com o conteúdo gerado pelo usuário. (Ademais, não costumo usar o termo *conteúdo gerado pelo usuário*, pois acho que ele é comumente usado de modo pejorativo.)

Existe um denominador comum ao termo? Penso que é uma dessas áreas onde ainda estamos achando nosso caminho dentro dessa experiência e, portanto, devemos estar prontos para questionar aqueles que estão discutindo seu conhecimento das mídias sociais.

A métrica e os contos de fada

Um lugar onde as mídias sociais ainda titubeiam é na aplicação de medições para vários aspectos do que estamos fazendo. Podcasters, marqueteiros, gente de RP e outros lutam com isso o tempo todo. Patrocinadores, clientes e fregueses de todos os tipos querem compreender o que estão comprando.

Os podcasters não têm como relatar com precisão números que sejam concretamente significativos. Nós contamos downloads? Contamos os acessos a uma página da Web? Aceitamos e nos adequamos à memória temporária de nossa mídia de tal modo que não conseguimos contar ou agregar o impacto da mídia que fizemos de modo completo? Ou será que encontramos maneiras de fazer a ação/resposta da mídia ser sentida? Christopher S. Penn não está exatamente se importando com o número de pessoas que ouvem o Financial Aid Podcast.[63] Ele se importa com o número de pessoas que se inscrevem para (e acabam garantindo) um empréstimo estudantil, motivadas por seu podcast. Este é o propósito de seu programa: educar, informar, construir um nível de confiança e liderança, mas, em última análise, levar pessoas a adquirir um empréstimo através de sua organização. Mais métricas como essa são necessárias para os podcasters e blogueiros de vídeo.

---

63. www.financialaidpodcast.com

Dados empíricos são quase sempre a moeda corrente nas conversas de negócios. As pessoas querem, com razão, compreender o impacto de suas escolhas, o retorno de seus investimentos. Elas se sentem confortáveis ao compreender como as campanhas de marketing tradicional são mensuradas. Elas acreditam que compreendem as compras motivadas pela publicidade. Quando mudamos para as mídias e redes sociais, mesmo estando a receita on-line a aumentar, deparamos com o fato de ser preciso conversar sobre as incertezas e o que desconhecemos sobre como mensurar impactos.

Esteja pronto para sondar quando alguém oferecer medições empíricas de resultados. Existem maneiras de obter o que Julien Smith e outros chamaram de "retorno da influência", e existem meios pelos quais as pessoas estão procurando entender o "preço do custo por ação" no lugar do modelo on-line mais tradicional, que é "custo por clique". Tenha cautela com o que você ouve sobre isso.

Quem são os especialistas?

Vamos apertar a tecla "pausa" no emprego da palavra *especialista* e, em vez usá-la, pensar em quem entende de mídias sociais de uma maneira que você possa aprender a partir da experiência dessa pessoa ou buscar seu conselho e recomendações. Aqui estão algumas coisas que um bom praticante de mídias sociais deve ter – e algumas coisas a desconsiderar.

- Não conhecemos todas as redes sociais que foram criadas nem todos os podcasts existentes ou em produção, mas é melhor conhecermos muitos deles.
- As pessoas que trabalham com mídias sociais deveriam estar fazendo algum tipo de mídia elas mesmas. (Sempre me criticam

por eu não ter um podcast. Respondo dizendo que faço mídia com o Attention Upgrade,[64] o Small Boxes[65] e outros projetos. E atualizo meu blog todos os dias, ou até mais.)

- Provavelmente deveríamos ter alguma experiência, de uma forma ou de outra. Faço blogs desde 1998, quando isso era chamado de *journaling*. Muito antes disso, eu estava presente on-line em lugares como a AOL e a BBS. Sou novato em podcasts e videoblogs (e devo agradecer a Justin Kownacki e a Steve Garfield, duas fortes influências e guias nesse espaço, sem falar de gente como Daniel Steinberg e outros, mas não me permitirei divagar aqui).
- Deveríamos ser relativamente "conhecidos". Não estou sugerindo que a popularidade, por si só, seja importante, mas acredito que se você está em uma mídia *social* e muita gente ainda não o conhece, é melhor socializar mais um pouco. (Esse ponto é *muito* suscetível a críticas, então, fique à vontade para discordar.)
- Deveríamos poder fazer *alguma coisa* acontecer através da mídia que criamos; em outras palavras, nossos esforços deveriam ter, no mínimo, algum impacto. Acredito que o PodCamp tem tido um impacto e que outras coisas que tenho feito promoveram mudanças aqui e ali.
- Não deveríamos temer a transparência e certamente deveríamos dar boas-vindas às críticas e discussões. Se estamos sempre certos, provavelmente não estamos abertos a ideias e coisas novas. E a esta altura do jogo, as mídias sociais estão altamente empenhadas em compreender todos os tipos de novas tecnologias e suas aplicações.

---

64. http://attentionupgrade.magnify.net

65. http://smallboxes.blip.tv/

Indo mais além, o que *você* diria que qualifica alguém a ficar pregando sobre as mídias sociais? Por que você se dá ao trabalho de entrar no meu site? Qual é a sua exigência para aceitar alguém como autoridade neste espaço? E você precisa aprender *somente* de alguém que é uma autoridade, quando há tanta gente experimentando e descobrindo avanços todos os dias? Tenha cuidado com os falsos especialistas em qualquer nova tecnologia e questione sua autoridade. Tem funcionado como um bom teste desde a década de 1960. Por que parar agora?

12

Quem se importa?

Como um cara que faz tecnologia, mas que se encontrou, de alguma maneira, desempenhando um pesado papel de marketing, tenho muitas opiniões. Algumas podem ser erradas. Sinta-se à vontade para me corrigir, se discordar.

Marqueteiros: por favor, por favor, pensem muito sobre o destinatário de sua mensagem. Parece *tão* fácil, mas acho que as pessoas falam sobre o quanto elas (suas empresas, produtos etc.) são incríveis. Fico contente que elas tenham orgulho, mas é isso que você quer me dizer? Porque se eu sou o cliente, consumidor, usuário, e/ou sócio, você sabe o que estou pensando, certo?

- O que é que eu ganho com isso?
- Como isso me afeta?
- Eu tenho de fazer alguma coisa?
- O que isso irá me custar?

Outra coisa: por favor, repensem quais detalhes vocês acham que me interessariam. Outro dia, na rua, passei por um caminhão de sorvete. Na lateral, estava escrito: "Servindo sorvete fresco desde 1934". Em primeiro lugar, *é melhor* seu sorvete ser fresco. Em segundo, não me interessa quando você começou. Eu quero sorvete. Por fim, sorvete é uma coisa divertida. As pessoas *adoram* sorvete. Por que não falar na diversão?

Por favor, pergunte-se depois de cada linha que escrever: "Quem se importa?".

13

Participação: a chave para as mídias sociais

Criatividade, criação, comunidades de interesse e a própria cultura estão no cerne do que a mídia social tem condições de propiciar. Encaramos essa área como um sistema de tecnologias, mas no nível mais básico, por assim dizer, se encontra a simples percepção de que redescobrimos nosso direito inerente de sermos criativos e de participarmos da experiência criativa.

Em algum momento do começo do século XX, nos Estados Unidos, a cultura criativa transformou-se de fortemente participativa (as pessoas se reuniam para cantar canções, lendo diretamente das partituras mais recentes que recebiam por assinatura) para uma experiência de consumo (as pessoas se reuniam em volta do rádio para ouvir os grupos tocarem). Isso originou novas oportunidades para mais pessoas ouvirem performances melhores, mas também tirou nossa atenção da experiência de mão dupla de pessoas criando sua própria cultura (pelo menos em parte).

Larry Lessig deu uma importante palestra[66] sobre criatividade e a lei nas conferências do TED,[67] em março de 2007. Ele salientou como o advento da tecnologia de transmissão levou à criação da Ascap, que vendia licenças musicais para redes de rádio. Entre 1931 e 1938, a Ascap aumentou a permissão de uso para as emissoras em 448%. Esses conceitos, essas ideias foram estabelecidas há mais de 70 anos, e,

---

66. www.ted.com/talks/view/id/187

67. www.ted.com

naquela época, a proteção e a salvaguarda legal dos negócios da criatividade foram se ajustando até que os direitos autorais nos Estados Unidos se tornaram uma experiência, no mínimo, malfadada.

A cultura da leitura e da escrita

Lessig continua e mostra alguns exemplos criativos da cultura de misturas em voga hoje, quando pessoas talentosas criam novas obras a partir de mídia já existente. O hip-hop mostrou como samplear músicas de outros artistas poderia resultar em um trabalho que era singular em sua nova roupagem e, ao mesmo tempo, acrescentar núcleos de memória e consciência compartilhada de outro trabalho.

O que mudou nos últimos anos é que a tecnologia está muito mais disponível, mais fácil de usar, e as mídias estão muito mais disseminadas. Isso significa que você e eu temos os tijolos para construir alguma coisa nova, criativa, alguma coisa divertida usando partes do trabalho dos outros, acrescentando algo de novo a essa experiência.

Sobre a Creative Commons

Se você ainda não conhece o trabalho da Creative Commons,[68] por favor, reserve algum tempo para entrar nesse site. Conheça o trabalho de Lessig, Colete Vogel e de muitos outros indivíduos talentosos que trabalham para abrir novas estruturas para a participação e a colaboração. A Creative Commons é uma estrutura de licenciamento que permite que as obras sejam usadas de maneiras muito mais flexíveis do que os direitos autorais tradicionais. Caso esteja interessado em participar das mídias

---

68. http://creativecommons.org

sociais, por favor, considere uma licença Creative Commons para seu trabalho em vez da tradicional proteção de direitos autorais.

Em uma cultura de participação

A mídia que criamos, nossos blogs, podcasts, fotos, arte e música são trabalhos criativos por si próprios, mas quando consideramos as mídias sociais seria bom pensar como podemos trabalhar bem com os outros. De algum modo, enquanto estou escrevendo, isso me parece seco e legal, um tanto empresarial. Mas esse não é meu intuito. Ao contrário, estou dizendo que a cultura criativa ganha poder nas mídias sociais e na Creative Commons, portanto podemos brincar e nos divertir muito mais com a nossa mídia.

Já vi inúmeros projetos no Flickr em que as pessoas postam uma foto ou um conjunto de fotos interessantes e, depois, outras pessoas formam grupos e projetos em torno dos trabalhos originais, às vezes replicando, às vezes adicionando um tema e outras vezes originando novos trabalhos através de colagem e de outros métodos de combinação. Isso é feito dentro da plataforma do Flickr; não é uma experiência acidental.

Se você produz software

Se você ganha a vida produzindo software, pense no fato de o Flickr ter construído participação dentro do cerne de funcionalidade de seu produto. E está aparecendo em lugares que você não esperaria que algo assim aparecesse.

O Mint[69] é uma aplicação financeira da Web que usa alguns métodos interessantes de compartilhamento para modelar os hábitos gerais

69. www.mint.com

de investimento e de poupança de um grupo. Os usuários são anônimos, nesse sentido (por exemplo, ao compartilhar suas escolhas de investimento), mas devido à função de compartilhamento as pessoas podem compreender melhor as finanças pessoais ao observarem o comportamento de outros usuários.

Sites como o YouTube "pegam" porque as pessoas podem comentar em forma de vídeo e de texto. Elas podem assinar, avaliar, compartilhar e descobrir obras no site.

Aqui estão mais alguns pensamentos para os criadores de software.

- Use e libere as APIs. Torne seu site o mais compatível possível com outros sites de mídia.
- Torne os dados portáteis ou, pelo menos, uma parte deles.
- Pense em usar o padrão OpenID para informações de login.
- Perceba que nós, usuários, estamos usando toneladas de sites e aplicativos, então, não torne seu site muito complicado de usar.

Se você produz mídia

Os jornais e outras fontes de mídia estão aprendendo a integrar o "jornalismo do cidadão" em suas estruturas hierárquicas tradicionais. Um relato de qualidade nem sempre vem de dentro, como fica evidente em grandes projetos como Alive in Baghdad.[70] Neste novo mundo, as pessoas (ou poderíamos dizer "pessoas capazes e equipadas") são as peças mais importantes desse quebra-cabeça. As grandes organizações de notícias precisam aprender como integrar-se a um projeto como o Alive in Baghdad, de Brian Conley, de modo que as notícias geradas por pes-

70. http://aliveinbaghdad.org

soas comuns nas ruas do Iraque sejam misturadas ao produto jornalístico "profissional" com pouca ou nenhuma distinção entre as fontes.

Pense nisso por alguns instantes. Se você é uma empresa de mídia, já não é suficiente criar um pequeno *playground* para que seus "fãs" possam "dar sua opinião." *Nós* somos produtores de mídia agora. *Nós* somos a mídia também. E, como tais, não é mais suficiente permitir comentários. Um bom começo para você, mas hoje é melhor aprender a construir seu negócio pensando em nós.

Os produtores de mídia não são sempre jornalistas experientes. Eu, definitivamente, não sou. Mas podemos contribuir para a história maior, trabalhar como editores e curadores (você vai aprender que "curadoria" e "editoria" se tornam duas habilidades muito importantes na paisagem das mídias sociais), e nos sentirmos mais ligados ao trabalho final gerado, a longo prazo.

Aqui estão algumas dicas rápidas para organizações de mídia:

- Tratem os produtores independentes como profissionais.
- Estimulem a promoção de mão dupla das peças criativas, em vez de ter somente uma "área de fãs".
- Pensem em maneiras de modularizar e/ou usar a licença da Creative Commons para partes de seu trabalho.
- Procurem maneiras de envolver produtores independentes.

Se você é produtor independente

Passei boa parte do ano de 1997 em reuniões com produtores independentes de áudio e vídeo, gente talentosa e motivada com programas e conteúdo excelentes. Alguns estavam recriando a televisão para esta nova era. Outros deixavam de lado qualquer tipo de formato e simplesmente viviam a vida on-line. E outros usavam as várias saídas para promover conversas usando as ferramentas das mídias sociais. Em todos os casos, essas pessoas tinham o poder (e se sentiam com o poder) simplesmente porque tinham as ferramentas e a oportunidade de produzir e lançar trabalhos criados por elas mesmas.

Alguns dos melhores desses produtores fizeram da participação a pedra fundamental de seus trabalhos desde o início. Eles trabalharam para incorporar outros criadores. Eles habilitaram sua base de audiência para ser o cerne funcional de suas obras, ajudaram a descobrir as obras de outros produtores que pudessem complementar o que eles estavam fazendo e fizeram muito para aumentar suas interações com a audiência como uma experiência inteiramente participativa.

Maneiras de fomentar a participação

Se você quer construir uma participação forte em seus projetos de mídia social, tente incorporar algumas das ideias seguintes em seu repertório.

- Licencie seu conteúdo com uma licença apropriada na Creative Commons. Assegure-se de ser explícito sobre como quer ver seu trabalho usado ou compartilhado por outras pessoas.
- Habilite os comentários para sua mídia e participe deles.
- Pense em construir seu conteúdo de maneira modular, ou de maneiras em que ele possa ser integrado, fundido ou remixado. (Bandas como o Barenaked Ladies começaram a liberar seus masters digitais para que outras pessoas pudessem mixá-los. Existe uma experiência análoga que você possa oferecer à sua audiência?)

- Procure softwares e plataformas que promovam o compartilhamento, como o Blip.tv, para hospedar seus projetos de videoblogs.
- Apoie organizações e criadores de mídia que promovem o compartilhamento e a participação.
- Envolva sua audiência de modo que ela tenha vontade de participar. Promova concursos. Peça a opinião dela e incorpore algumas de vez em quando.
- Vire os holofotes para sua audiência e aponte o microfone para ela sempre que puder. Certifique-se de que ela saiba o quanto você a estima.
- Parece esquisito colocar isto aqui, mas seja honesto e confiável. É muito fácil perder a confiança de sua audiência, e é muito difícil reconquistá-la.

A participação é um elemento essencial das mídias sociais. É uma parte importante do "social" das mídias sociais. Você provavelmente tem maneiras de participar que não listei aqui. Quais são elas? O que mais podemos fazer para propiciar a participação? Vamos discutir isso na seção de comentários no http://chrisbrogan.com/comments-from-101.

14

As mídias sociais são um conjunto, não uma parte

As corporações são formadas por partes muito distintas. As pessoas compreendem seus empregos, suas tarefas e como elas serão mensuradas. Esse pensamento é industrial por natureza. Ele se encaixa bem no pensamento do século XX. Se você é um metalúrgico, seu trabalho é produzir motores perfeitos. Se você é pintor, seu trabalho é pintar com perfeição e sem desperdiçar tinta. Mas em uma era em que a maior parte das coisas acerca da humanidade é uma mistura (trabalhamos em cafés; fazemos negócios dando produtos de graça; permitimos que nossos clientes decidam nossos designs), pensar em nossas organizações divididas em partes específicas ou partes separadas pode significar a morte delas nos próximos anos.

Uma interação complexa com o excedente

Meus pensamentos continuam voltados para Rachel Happe, da Community Roundtable, que disse que o principal benefício e valor das redes sociais (e das mídias sociais, por extensão) é captar a informação não estruturada que, do contrário, passaria por nós sem um "balde" para recolhê-la de volta à "memória" de uma organização. O que ela quer dizer é: muitas informações úteis que advêm de fazer mídia social e usar as redes sociais beneficiam mais do que somente um "departamento" de uma empresa.

Vamos ilustrar com um exemplo.

- Ravi posta em seu blog que acaba de comprar o Garglesoft Bookreader e não achou assim tão bom para o que ele deseja fazer. Ele ficou possesso porque não consegue baixar livros de sites que não tenham o Garglesoft.
- Natasha, do departamento de relações com clientes da Garglesoft, vê o post em seu feed de RSS de "escuta" e o marca com o Del.icio.us,[71] de modo que seus colegas dos outros departamentos recebam esse post em *seus* feeds de escuta.
- Sonya, no departamento de engenharia da Garglesoft, vê o que Ravi postou e percebe que não é que o Bookreader não possa fazê-lo, mas que essa função não está tão óbvia quanto parecia para os engenheiros internos. Sonya marca no Clipmarks[72] a parte do post de Ravi que ela quer destacar, coloca-o em um wiki interno e depois anota para o próximo lançamento do aplicativo como isso poderia funcionar de modo diferente. Ela envia um Tweet (ou usa qualquer outro equivalente ao Twitter de sua empresa) desta atualização para seus colegas do gerenciamento de produtos.
- Em seguida, Sonya publica no blog da Garglesoft Bookreader (um blog externo) mostrando o post de Ravi e/ou posta um screencast explicando passo a passo como fazer o que Ravi quer fazer. Ela conclui com uma promessa de rever a função para a próxima versão do Garglesoft Bookreader.
- Enquanto isso, Ramesh, de recursos humanos, nota que Ravi postou muitas ideias ótimas em seu blog, e ele repassa o perfil

---

71. http://delicious.com

72. http://clipmarks.com

de Ravi no LinkedIn para a equipe de engenharia de programas para que considerem Ravi para algum projeto futuro.

Nesse exemplo, o relacionamento com clientes, a engenharia e o departamento de RH, todos eles usaram as redes sociais e as mídias sociais. Poderíamos ter estratificado o marketing (talvez apontando para uma coleção de posts úteis sobre como fazer blogs de vídeo etc.) e alguns outros departamentos, mas você captou a mensagem, certo? Essas ferramentas são comumente usadas em mais de um departamento.

Vale a pena?

Ter esse tipo de abordagem com as redes e mídias sociais vai diminuir o tempo gasto no trabalho com os produtos. É uma opinião sensata. Posso ver a liderança sênior se preocupando com isso, e eles teriam razão se seu pessoal não estivesse, na verdade, interagindo com as pessoas que têm interesse em seus produtos e serviços.

Mas existe maneira melhor de ficar ligado no mundo de seus clientes do que tentar estar onde eles estão?

Ah, e isso levanta ainda outra questão. E se a sua empresa for B2B? E se a sua empresa estiver totalmente off-line? E se a sua empresa não tem nada em comum com a demografia da internet?

Ainda existem maneiras de participar das mídias sociais. Por exemplo, existem ótimos blogs B2B por aí. Existem ótimos podcasts que lhe dão informações sobre como as pessoas abordam as coisas no mundo off-line. Você tem de procurá-los, mas eles existem. Ademais, se você está lendo este livro, é bem provável que sua base de clientes seja on-line ou que você já tenha sacado como abordar o mundo off-line com o que aprendeu aqui.

Movendo o tabuleiro, não a peça

Aprender a jogar xadrez significa compreender como todas as peças trabalham em conjunto. Significa compreender como os outros jogadores podem se concentrar em uma peça, mas negligenciar outras. Significa compreender que as coisas estabelecidas no começo do jogo podem ser executadas mais tarde para terem um impacto maior. O mesmo acontece com a implementação das práticas de mídias sociais em uma empresa.

Olhe para as necessidades de informação de sua empresa. Não comece a empurrar as ferramentas de mídias sociais goela abaixo, mas procure identificar os problemas que diferentes partes da organização poderiam precisar resolver. Em meu exemplo do Garglesoft, coloquei Ramesh no departamento de recursos humanos escaneando blogs em busca de funcionários potencialmente adequados. Pode imaginar a sua organização encontrando gente talentosa através da mídia on-line que eles fazem? Conheço gente que conseguiu trabalho a partir do que colocou em seu blog. (Hum, eu, por exemplo.)

Como sua organização circula as informações internamente com relação a projetos? Você pode ver os membros de sua organização se beneficiando por ler fontes externas de informação? Você sabe quais ferramentas funcionariam melhor para eles agregarem tudo o que aprenderem?

Use peças simples

Sua organização se beneficia do fato de fazer mídia? Por que não começar com ferramentas simples como o Utterli, que funciona no meu celular, e ferramentas de vídeo como o Magnify[73] ou o 12seconds.tv,[74]

73. www.magnify.net

74. http://12seconds.tv/

que permitem que você grave vídeos diretamente de seu navegador usando o Flash?[75] Como acontece ao aprendermos xadrez, as organizações provavelmente deveriam aprender ferramentas simples antes de partirem para movimentos mais complexos. (Embora, como uma nota paralela, pensar sobre treinamento e depois retreinamento pode fazer com que as empresas considerem seu conjunto de ferramentas com mais cuidado antes de começaram a usar algo que ainda está cru.)

Como a *sua* organização integraria as mídias sociais?

Você consegue ver sua empresa incorporando ferramentas de mídias sociais e redes sociais em suas práticas? Quais seriam as barreiras? Onde sua empresa tropeçaria? Você já tentou? Quais foram os resultados? Quais foram os entraves?

---

75. www.adobe.com

15

As mídias são uma mistura – comece a misturar-se

Dê uma olhada no www.iEllie.com, um blog pessoal de uma universitária se formando em comunicação de massas, com foco em RP. Seu blog é uma espiada interessante dentro das cabeças de estudantes universitários e como eles veem blogs, a produção de mídia e o consumo de mídia. Compendiados somente na primeira página estão alguns pontos interessantes a considerar. E antes que você se adiante e rejeite o blog por não ser profissional, ou esparso, ou algo mais derrisório, pense criativamente por um momento. Encare-o como um quadro misto, uma paleta de pintura. Veja o que o iEllie está expondo e, a partir daí, podemos extrapolar.

Nesta primeira captura

Note como o iEllie usa uma foto colocada de lado no banner. Divertido, não profissional. Divertido. Mostra um ser humano, alguém se comunicando. Depois, veja: o iEllie vai direto fazendo mídia, com um post do Utterli embutido no alto, um podcast logo abaixo. Ela mostra todas as redes de que participa (toneladas!) e algumas informações pessoais logo na primeira página; o iEllie está aí, nos dizendo quem ela é, mas não revelando 100% do que um seguidor precisaria (ponto importante a ser considerado).

Mídias, movimento e um pouco mais de mídias

Acomodados dentro do iEllie estão fotos, podcasts, Flickr e toneladas de produção. Ela está criando o tempo todo e usando os vários formatos de modo intercambiável. Isso dá uma ideia do que é mistura cultural. Não é um blog. Não é um podcast. Ela está fazendo alguma coisa, e não precisa de um nome porque tem uma carga útil.

Chave para o jogo: Esqueça os rótulos; concentre-se na carga útil.

Onde fica ainda mais legal

Além disso, o iEllie posta clipes do YouTube bem ali, junto de sua mídia. Ela não dá mais atenção a um nem ao outro. Na verdade, aposto que ela não faz distinção entre o que ela faz e o que ela encontra, cultiva e serve de curadora. Por que deveria? É o mesmo que recortar as palavras de uma revista e formar sua própria sentença ou escrever em uma página. No fim, é o mesmo resultado.

Por que festejar tanto o iEllie.com?

Não se trata do iEllie, especificamente. Tenho certeza que ela é maravilhosa, e tudo o mais. Eu só a segui no Twitter. Mas eu o vejo como uma maneira de ilustrar de modo simples todas as várias facetas de fazer mídia, de usar a mídia e de consumir a mídia no ano que vem. Se você quiser destilá-lo, eis aqui o que penso que deve acontecer:

- A grande mídia (jornalística, de entretenimento etc.): vocês deveriam desviar uma parte do orçamento de publicidade (0,01%?) para projetos de mídia compartilhada, tais como dar às pessoas uma mistura de clipes de filmes e músicas.

- Marqueteiros e consultores: façam as pessoas terem vontade de compartilhar coisas em todo lugar. Deem alças ao seu projeto e vejam se as pessoas as pegam.
- Pessoal de RP: não vá atrás somente da lista de blogueiros classe A. Encontre os iEllies do mundo, encontre legiões deles e os incorpore em sua campanha.
- Profissionais e líderes do mundo: iEllie é sua próxima funcionária. Vejam como ela se comporta. Sua empresa está preparada para ela? É melhor estar, porque é lá que está sua reserva de empregos. Alguém que mistura, que se junta, que usa todas as redes sociais, alguém que considera isso o mesmo que fazer um trabalho para você.
- Pais: estão equipando seus filhos para fazerem mídia? (Não entre naquela história de privilégios aqui.) Se não estão, seu filho está em desvantagem neste quesito. Os computadores, a internet e as ferramentas poderosas não são coisas frívolas. Sistemas de jogos Ditto. Sistemas de jogos Ditto na rede. *Este* é o nosso golfe, gente. Halo 3 e Tweetups são os novos campos de golfe e clubes de campo. Pelo menos para alguns.
- Criadores de mídia: vocês são puristas? Estão misturando, reutilizando e mixando? Estão facilitando as coisas para as pessoas compartilharem e usarem a *sua* mídia?

16

Pacote inicial para as mídias sociais

Qualquer tipo de trabalho exige o conhecimento das ferramentas apropriadas para a tarefa, e com as mídias sociais não é diferente. Você não pode usar uma pá para pegar feno, e não consegue cavar com um forcado. Aqui estão algumas sugestões para um conjunto de ferramentas de mídias sociais. Os aplicativos existentes agora vão mudar ao longo do tempo, porque a tecnologia faz isso. Mas as funções básicas devem evoluir um pouco mais lentamente.

Ouvir

Nas mídias sociais, assim como na vida, ouvir é duas vezes mais importante do que falar. On-line, a ferramenta para ouvir é um leitor de notícias. Este tipo de software permite que você compreenda o que está sendo falado por aí, e os melhores leitores de notícias permitem que você compreenda um pouco melhor o que está "ouvindo."

Se você colocar no Google a frase "grow bigger ears" (fazer as orelhas crescerem), vai descobrir um modo muito rápido de começar a ouvir gratuitamente usando algumas das ferramentas que estou prestes a mencionar. (Isso pode ficar um tanto tecnológico. Se você não se sentir à vontade, deixe esta parte para depois. Coloque um marcador, um lembrete adesivo, ou sublinhe e volte depois. Tudo bem.)

Recomendo o Google Reader. É fácil de usar, tem maneiras de rolar a informação rapidamente, suporta a importação e exportação de OPML (que nada mais é do que o conjunto de todos os feeds que você selecionou para seguir) e tem algumas características de compartilhamento poderosas que o tornam mais atraente para mim do que outros leitores.

O que você deveria escutar? Depende de como você pretende usar essa ferramenta, mas se você trabalha para uma empresa em um certo espaço, aqui está uma maneira de pensar nele:

- Construa uma ego busca. Use ferramentas como o Technorati e o Google Blogsearch para construir uma busca no nome de sua empresa, de seus produtos, do nome de seus principais funcionários, e assim por diante.
- Construa o mesmo para os seus concorrentes.
- Encontre blogs específicos sobre seu espaço ou indústria e assine um monte deles. (É mais fácil adicionar toneladas e subtrair alguns do que pensar que está usufruindo do melhor e perder algo que é superior.)
- Encontre algumas categorias tangenciais. Se você trabalha com software, assine um blog de arte ou de marketing.
- Acrescente alguns hobbies. Isso deve ajudá-lo a usar este leitor com mais frequência. (Não exagere.)

Existem diversas ferramentas avançadas de escuta que podem pegar as informações que você recebe e ajudá-lo a entender melhor todas elas. Começando com este texto, sou adepto do Radian6 porque ele é flexível e permite que se mergulhe mais profundamente na informação que recolhemos. Existem tantas ferramentas na categoria avançada, mas deixarei isso para outra hora. No momento em que escrevo este livro, existem mais de uma dúzia de outras ferramentas profissionais de escuta no espaço, cada uma delas dando seu próprio ângulo do mundo.

Falar

Blogs, podcasts, videoblogs, Twitter e dezenas de outras ferramentas para falar. Seria exagero falar de todas as várias plataformas, porque eu daria centenas e centenas de coisas para você verificar. A maioria de vocês provavelmente já usa alguma coisa com a qual se sentem confortáveis e que preferem. Em vez disso, vamos falar sobre algumas maneiras de "melhorar" a qualidade de sua conversa; em outras palavras, aqui estão algumas ideias de como sua voz pode ser ainda mais ouvida.

- Use o FeedBurner[76] para melhorar seu feed de RSS. Nenhum feed de RSS embutido fornece tantas funções e aperfeiçoamentos quanto o FeedBurner. Leve o seu feed atual para o FeedBurner, faça um novo feed, faça todos os pequenos tweaks e acréscimos sugeridos e depois promova este feed ao mecanismo de assinatura de sua mídia, não importa que forma sua mídia tenha.
- Use o Facebook e outras redes sociais para chamar as pessoas para sua mídia primária. Use esses serviços para atingir audiências que, do contrário, poderiam não encontrar seu trabalho. Procure pessoas que pensam como você, que estão fazendo uma mídia parecida, e divida sua atenção com elas (ou seja, dê atenção a elas e ofereça sua mídia como algo de que poderiam gostar).
- Certifique-se de que sua assinatura de e-mail e seu cartão de visitas tenham o URL para a sua mídia. Trata-se de alcançar as pessoas com sua conversa.
- Certifique-se de que seu site e toda a sua mídia apontem para você, de modo que as pessoas saibam quem você é, onde está, como podem contatá-lo e o que você faz.

---

76. http://feedburner.com

Comunidade

Há uma profusão de redes sociais. Quando este livro for publicado, mais de uma dúzia já terá sido lançada. Em uma semana, haverá mais cem que não estão citadas aqui. A seguir, alguns pensamentos sobre as redes sociais, como você pode utilizá-las para sua experiência nas mídias sociais e algumas de que eu gosto.

- Twitter. O Twitter é simples, mas complexo. Você tem 140 caracteres para dizer o que está fazendo ou, se usá-lo de modo um pouco diferente, dizer às pessoas o que lhe interessa. O Twitter é um ótimo lugar para conhecer pessoas, criar relacionamentos digitais e agregar valor à conversa. Hoje, é minha rede social favorita.
- Facebook. A vantagem do Facebook é que é um lugar com milhões de usuários ativos e teve uma curva de crescimento poderosa nos últimos meses. Se você ainda não tem uma grande audiência, o Facebook é um bom lugar para encontrar pessoas que podem gostar do que você está fazendo. Também está ganhando terreno como um lugar que está sendo investigado pelas empresas.
- LinkedIn. É um lugar para construir um equivalente ao seu *curriculum vitae* (CV), e isso quer dizer que é outro lugar para estimular as pessoas a interagirem com a sua mídia. Liste um de seus trabalhos atuais como "editor de blog" ou "criador de mídia" e mostre às pessoas como encontrar sua mídia lá também.
- O MySpace[77] é apropriado se você tem um elemento de juventude em seu projeto ou se você está no espaço da música ou do entretenimento; mas não se deve desprezá-lo, dado que a base de usuários do MySpace é, de longe, muito maior do que a de

---

77. www.myspace.com

outros serviços. Minha conta nele está desatualizada, e é melhor eu seguir meu próprio conselho e adequá-la.

- Ning. O Ning é uma grande oportunidade de rede social de rótulo branco, de modo que você pode criar um lugar para sua audiência, se já possui uma audiência razoável. É muito modular, oferece RSS para todas as várias peças, integra-se bem com aplicações de terceiros e pode ser marcado amigavelmente com suas propriedades existentes. Várias grandes empresas de mídia estão usando o Ning agora.
- Outras redes sociais. Existem tantas outras redes com grandes comunidades para vários interesses. Adoro o modo como o Flickr construiu uma comunidade em torno do compartilhamento de fotos. O Digg construiu uma forte comunidade em torno de notícias sobre tecnologia. Existe uma infinidade de exemplos. Você saberá.

Mídia rica

Para a criação do conteúdo além do blog, abordo brevemente algumas aplicações que uso para criar mídia. Existem milhares de coisas que tornam este um assunto delicado. PC versus Mac. A questão do preço. Seu último objetivo. Aqui está um bom pacote inicial para fazer podcasts de áudio e vídeo tanto para PC quanto para Mac.

- *Áudio.* Nos dois casos, recomendo o Audacity.[78] É gratuito, aberto e funciona em várias plataformas. Para Macs, o GarageBand[79] também é bom. Não encontrei o análogo no PC (você

78. http://audacity.sourceforge.net

79. www.garageband.com

pode me contar nos comentários do site http://chrisbrogan.com/comments-from-101). Outras soluções sem hardware poderiam ser o Utterli e o BlogTalkRadio,[80] cada um com suas vantagens e oportunidades.

- *Vídeo.* Uso o velho e simples iMovie, que vem com o Mac. Você pode usar o Windows Movie Maker em um PC com níveis parecidos de capacidade. Além disso, a maior parte do pessoal fecha com o Final Cut Pro. Recomendo o Final Cut Express, a menos que você seja um cineasta incrível e realmente queira fazer um novo clássico.
- *Hospedagem de vídeo.* Existem muitas escolhas, cada uma com vantagens e desafios que não comentarei neste livro. Você já conhece o YouTube, mas leia com atenção as condições do serviço para compreender se é uma boa escolha para você. Recomendo com veemência o Blip.tv e, além dele, existem toneladas de ótimos serviços como o Vimeo,[81] o Viddler,[82] o Revver[83] e outros.
- *Vídeo ao vivo.* Outra novidade para se trabalhar é o vídeo ao vivo.[84] Você pode criar e compilar oportunidades interessantes com o vídeo ao vivo. Serviços como o Ustream,[85] o BlogTV[86] e o Paltalk[87] oferecem experiências diferentes nesse mundo.

---

80. www.blogtalkradio.com

81. www.vimeo.com

82. www.viddler.com

83. www.revver.com

84. www.livevideo.com

85. www.ustream.tv

86. www.blogtv.com

87. www.paltalk.com

Além desses quatro segmentos, tenho mais algumas ferramentas que gostaria de recomendar, caso você ainda não as conheça, ou caso tenha alguma outra sugestão para mim.

- O Firefox é o navegador que escolhi. Gosto do poder que os vários add-ons conferem à minha experiência de navegar na Web. Outras pessoas fecham com o Flock[88] como seu navegador favorito. Você pode experimentar os dois e decidir.
- O Miro[89] é um player gratuito e aberto de televisão na internet e vídeo. Ele tem algumas funções ótimas e permite que você descubra ótimo conteúdo em vídeo.
- O site de bookmark social Del.icio.us[90] tem duas vantagens sobre usar o sistema de bookmark de seu navegador: (1) Você pode acessá-lo de qualquer lugar onde houver internet e (2) você pode descobrir novas coisas de amigos.
- O Meebo[91] é uma aplicativo agregador IM baseado na Web que permite que você fique ligado a vários clientes de mensagens instantâneas. As versões app incluem o Adium e o Trillian (Mac ou PC, respectivamente).

Você, sem dúvida, tem algumas ideias de outras coisas para adicionar a esse pacote inicial. Então, o que acha? O que eu esqueci? Você discorda do quê?

---

88. www.flock.com

89. www.miro.com

90. http://delicious.com

91. www.meebo.com

17

Cinco passos iniciais para introduzir as mídias sociais em sua organização

As empresas estão sendo pressionadas para entrar nas mídias sociais de várias maneiras. Elas estão lendo sobre o assunto cada vez mais na grande imprensa. Suas agências de RP estão perguntando a elas sobre o assunto. As próprias agências de RP estão sendo pressionadas a entrar nas mídias e redes sociais. Mas o que isso significa? Por onde começar?

Separe o software das motivações e processo

Em primeiro lugar, esqueça a noção de que as mídias sociais e as redes sociais tratam especificamente de software. Se eu fosse introduzir elementos de mídias sociais em uma organização, e faço isso de maneira muito concisa, começaria explicando *por que* as pessoas se importam em fazer isso, *quem* as pessoas poderiam contatar no espaço e *como* elas poderiam usar essas ferramentas para ouvir melhor, manter diálogos de mão dupla e colaborar criativamente.

Uma boa maneira de ajudar organizações a compreender melhor é através do estudo de casos. Os famosos escritores Geoff Livingston e Brian Solis dedicaram uma seção inteira[92] ao estudo de casos em seu excelente livro *Now is Gone*, um compêndio sobre novas mídias para executivos. É de leitura rápida e tão barato que você nem precisa cobrar de sua empresa.

Você pode até comprar uma cópia extra para compartilhar com sua equipe.

---

92. http://nowisgone.com/case-studies/

18

Cinco passos iniciais: o próximo é criar um blog?

Em nossa discussão dos Cinco Passos Iniciais[93] até agora, falamos sobre enquadrar a ideia à nossa organização e sobre ouvir/escutar. Agora, vamos falar de blogs.

Faço essa pergunta porque acredito que a maioria das pessoas que aconselham as organizações sobre mídias sociais vai direto para a criação de um blog como a primeira opção. Vou discordar e dizer que talvez um blog *não seja* uma boa escolha inicial. Por quê? Porque penso que os blogs são passos bastante substanciais e que uma organização pode sentir-se realmente exposta se sua primeira tentativa de soltar a voz acontecer em um palco cantando à capela na frente de milhares de pessoas.

Por que não começar com um tumbleblog ou uma conta no posterous? Na verdade, uma organização poderia até fazer uma tentativa secreta para sentir como é ter um blog, fazendo algumas postagens descartáveis em tumbleblogs que *não sejam* sobre a organização. Comece com algo que atraia aqueles que poderiam participar do blog. Se eles forem aficionados do *Texas hold'em*, legal. Veja se consegue que eles postem alguma coisa sobre pôquer de vez em quando.

Encontre alguns blogs aos quais você gostaria de se igualar no tom, estilo e/ou conteúdo e assine-os (a esta altura, você pode pensar em acrescentar algumas pastas no leitor, uma para "ouvir" e uma para "blogs"). Acrescente uma mistura de blogs de empresas afins e, quem

---

93. www.chrisbrogan.com/five-starter-moves-for-introducing-social-media-into-your-organization/

sabe, até alguns blogs divertidos de ler, como blogs de pôquer (para usar meu exemplo anterior).

Criar blogs é divertido, dá autoridade e é uma ótima maneira de construir a cara de uma empresa, mas para alguns é como estar nu em cima de um palco. Comece devagar. Dê-lhes uma oportunidade de se sentirem confortáveis e depois lance a ideia do blog.

Interno, externo ou ambos?

Defendo blogar dentro do firewall (de modo privado) e também ter um blog público. Os blogs internos são uma ótima maneira de compartilhar e comparar conhecimentos, e agora que sua empresa está cheia de ouvintes de RSS profissionais, eles podem aprender rapidamente as vantagens de usar um blog em vez de e-mail para compartilhar informações.

Fora do firewall, encarando o espaço público, sua organização vai querer ser capaz de ter voz e falar sobre o que importa para ela. Algumas empresas, como a Sun e a Microsoft, têm *toneladas* de blogs, vários escritos por engenheiros e gente nas trincheiras. Fazer blogs não é responsabilidade da equipe de marketing/comunicações nem do CEO. É responsabilidade daqueles que deveriam estar compartilhando suas vozes para abrir a conversa para a empresa.

A escolha da plataforma

Isso não é muito importante dentro do esquema, mas sugiro o WordPress por ser simples, configurável e não ameaçador. Hospedar uma cópia do aplicativo em seu próprio site o torna muito mais configurável, mas se isso é um problema por razões técnicas ou por causa de algum outro empecilho, existe uma versão gratuita hospedada também.

Outras plataformas gratuitas e hospedadas que você pode verificar são o Blogger,[94] o TypePad,[95] o Vox[96] e mais um zilhão de outras. Como eu disse: não é muito importante, exceto para entender o nível de customização que você deseja ter ao seu dispor.

Tópicos de conversa

Se a sua organização andou lendo outros blogs que você recomendou, ou blogs no seu espaço, você já deve ter começado a sentir o que é importante. A partir daí, recomendaria experimentar. Poste alguma coisa. Veja o que acontece. Veja como as pessoas respondem ou não (os comentários devem estar habilitados).

No endereço www.chrisbrogan.com, tenho a tendência de falar sobre coisas em dois níveis: começo com uma simples estratégia e depois termino com alguma ideia realizável. Chamo isso de "dar alças às suas ideias". Ou seja, quero que você pegue o que estou compartilhando e aplique isso às suas necessidades, para se apropriar. É uma grande estratégia para mim porque mantém as pessoas envolvidas e é, espero, quase sempre útil.

Existem milhares de maneiras de começar a conversa. Não empaque aí. Simplesmente tente algo e veja o que acontece. Dito isso, leia o que vem a seguir.

94. www.blogger.com

95. http://typepad.com

96. http://vox.com

Coisas a evitar

Aqui estão algumas minas terrestres a serem evitadas:

- Tudo bem remover conversas malucas e ogros indomáveis da seção de comentários de seu blog. (Muita gente segue a seguinte regra: "O que não permito em minha sala de estar, não permito no meu blog.")
- Mas *não* delete comentários que o criticam, desde que as pessoas ajam civilizadamente. Isso é querer briga. É considerado de mau gosto. Ademais, isso faz parte de blogar: compreender o que as pessoas pensam de você. Se você não consegue aprender com seus críticos, de quem vai receber conselhos? Só dos fãs que o adoram?
- Não reutilize conteúdo alheio sem a devida permissão. Conheça o Creative Commons e entenda a diferença entre como o RSS torna fácil para as pessoas consumir conteúdo e torna fácil para as pessoas roubar conteúdo (uma polêmica junto a gente criativa).
- Não poste só comunicados à imprensa e material de marketing em um blog. Ninguém vai ler e o blog vai virar uma "cidade fantasma" rapidinho.
- Tente manter o seu blog aberto para outras coisas além de vender você, sua organização e seus serviços. É o seu lugar, então você pode fazer o que quiser, mas se ele for somente um grande anúncio, vai ficar chato logo, logo.

Pode parecer que existem muitas coisas negativas nessa história de fazer blogs, não é? Não exatamente, mas existem muitas maneiras de causar uma primeira impressão medíocre, e quero cobrir todas elas.

O que você deveria obter dos blogs?

Fazer um blog, quando você se sente à vontade, é uma ótima maneira de manter as pessoas envolvidas com o que importa para você. É uma ótima maneira de representar sua organização. É uma maneira maravilhosa de compartilhar informação de ambos os lados, especialmente depois que você aprende participando de blogs de outras pessoas.

19

Cinco passos iniciais: áudio e vídeo

A série Cinco Passos Iniciais inclui avançar para áudio e vídeo. Sua organização já está pronta para isso?

Fazer com que sua organização faça mais do que escutar a esfera social e os blogs nem sempre é o movimento certo. Usar essas outras mídias pode consumir tempo, e o retorno para o esforço é, por vezes, questionável. No entanto, áudio e vídeo conectam as pessoas de maneira muito mais poderosa do que a simples palavra digitada. É com essas ferramentas que seus clientes, fregueses, parceiros e colegas podem ver o ser humano por trás da organização. Isso é ao mesmo tempo assustador e grandiosamente maravilhoso.

Como você usaria?

Por que sua empresa iria querer usar áudio e vídeo? Estão esperando construir grandes vídeos virais como *Will It Blend*?[97] Estão esperando compartilhar o que acontece dentro da organização? Talvez estejam esperando usá-lo para recrutamento, como promovido no Standout Jobs.[98]

Para áudio, existem muitas aplicações, incluindo dar breves mensagens de status em áudio (embora você possa, às vezes, coletar áudio

---

97. http://chrisbrogan.com/five-starter-moves-for-introducing-social-media-into-your-organization/

98. http://standoutjobs.com

de uma interface móvel também). Você pode usá-lo para dar dicas e conselhos de conversa.

Em vídeo, você pode fazer um screencast de seus produtos ou compartilhar material interno sobre como as coisas são feitas (as pessoas adoram coisas assim). Você pode compartilhar mensagens de status em vídeo, usá-lo como uma ferramenta para engenheiros de campo e talvez como uma maneira de construir relações entre organizações plurilocalizadas.

Que ferramentas você deveria usar?

Algumas ferramentas simples funcionam bem para isso. Existem muitas complexas, mas aqui estão algumas ferramentas muito boas, simples, que vão devagar, para ajudá-lo a produzir áudio e vídeo para sua organização.

Utterli

O Utterli é uma plataforma que possibilita enviar áudio, fotos, vídeo e texto para a Web (para o site da comunidade, mas você também pode ligá-lo ao seu blog e postar lá de maneira simples). A função de mensagens de áudio funciona em qualquer telefone que tenha o número 2 no teclado. Tecnicamente, funciona como uma mensagem de voz, só que ele pega a mensagem, digitaliza e permite que você a toque como um arquivo digital a partir de seu telefone, do site do Utterli ou de seu blog.

Magnify Webcam

O Magnify[99] oferece uma plataforma de webcam em Flash para gravação de vídeo que é simples se você tem uma webcam para acoplar

---

99. http://magnify.net

a um computador ou se você quer fazer o upload de filmes que gravou de outra câmara. Eu o utilizei por alguns meses e funciona bem.

12SECONDS.TV

Para uma plataforma de comunicações em vídeo de estilo mais conversacional, experimente o 12seconds.tv. É como uma mensagem instantânea com vídeo. Possui uma comunidade forte e pode ainda não ser focado em negócios, mas a ferramenta funciona bem, e ele está ficando concorrido.

Este é um passo inicial?

Não tenho tanta certeza. Creio que depende da organização, de como você está pensando em usar áudio e vídeo e o que você crê poder realizar. Mas acho que a ideia de mensagens de status para áudio ou vídeo representa um ótimo começo. A partir daí, você pode explorar, dar pequenos passos e decidir se há algo mais a considerar.

20

Cinco passos iniciais: LinkedIn, Facebook e Twitter

As empresas estão se perguntando como as redes sociais irão beneficiá-las e se elas deveriam se envolver nessas frentes. Elas ouviram que já deveriam estar envolvidas. Elas só não têm certeza do porquê ou do como. Por um lado, algumas empresas estão pensando nessas redes sociais como canais diferentes para os mesmos métodos que vêm tentando no marketing tradicional. Por outro lado, algumas estão só pensando em como irão se envolver, quais plataformas farão o que para elas e por onde devem começar. Aqui estão algumas ideias.

LinkedIn

O LinkedIn é um lugar razoavelmente seguro para uma empresa começar. É dirigido para o público profissional e é construído, em grande parte, para ser um depositário on-line de perfis e um sistema de gerenciamento de reputação. Mas ele pode ser usado para mais do que isso.

O LinkedIn é uma ótima maneira de recrutamento para sua empresa, dependendo da maneira como seu pessoal escreve sobre si mesmo em seus perfis. Se a sua organização está lá, e os perfis de todos dizem coisas boas sobre a organização, essa é outra forma pela qual as pessoas podem formar uma impressão e interagir com sua empresa.

Também é um modo de compartilhar conhecimento e dar uma noção de suas capacidades. Você pode responder perguntas no LinkedIn.

Às vezes, isso se torna um exercício de fixação da marca que pode fazer um bom prenúncio para sua empresa.

Facebook

Pessoalmente, tenho sentimentos antagônicos com relação ao Facebook. No mínimo, é um lugar onde você, como indivíduo, pode construir um perfil e ter outro ponto de contato com a Web e com o potencial de conhecer novas pessoas com interesses afins. Montar um perfil decente não é muito difícil, mas eu recomendaria algumas coisas:

- Use uma foto que pareça mais com um instantâneo, não uma foto posada.
- Considere qual aplicativo acrescentar ao seu perfil. Eles dizem muito sobre você. É claro que você vai fazer o que os outros fazem, mas por quê?
- Faça parte de grupos antes de pensar em montar algum. Participe.
- Faça uma avaliação de seus esforços. Não permaneça lá só porque as pessoas disseram para você ficar.

O que você acha? Você está usando o Facebook de modo negocial? Você gosta? Está obtendo alguma vantagem?

Twitter

Ah, como posso descrever o Twitter? Já fiz isso vezes demais para me repetir nesta parte do livro. O que tenho a falar sobre o Twitter e negócios é o seguinte: desde que você esteja usando o Twitter para conversas e para se misturar e se integrar enquanto compartilha coisas sobre outras pessoas e, quem sabe, um pouco menos sobre o que você está fazendo, então ele pode ser uma ferramenta útil para dar sua mensagem.

Uso muito o Twitter para fazer perguntas. Algumas das minhas perguntas são só para puxar conversa. Outras vezes, eu o uso para dirigir atenção para coisas que são úteis ou que importam, como causas sociais. Às vezes, aponto o Twitter na direção dos meus próprios interesses.

Redes sociais em geral

No geral, as redes sociais são úteis para criar uma consciência, para conhecer gente fora da organização e, como Rachel Happe, da Comunidade Roundtable, sempre diz, para captar informação não estruturada (por exemplo, mensagens de status). Avance com calma ao usar as redes sociais, pois o retorno de seu uso pode ser questionável. É tudo uma questão de envolvimento. *Como* você se envolve é uma coisa. *Por que* se envolve é outra. *O que* você obtém desse envolvimento é, obviamente, a coisa mais importante.

21

Um exemplo de kit de ferramentas das mídias sociais

Existem inúmeras maneiras de entrar no jogo da mídia social, mas às vezes ficamos em suspenso avaliando as ferramentas e pensando quais são melhores para o trabalho. Vamos mais além, pensando na variedade de ferramentas e na razão pela qual usaríamos algumas delas e, depois, quando você percebe, o dia terminou e nada foi feito. Aqui estão alguns exemplos de ferramentas e para qual finalidade podem ser usadas, e, a partir daí, talvez surjam algumas ideias novas. (Perceba que elas podem ficar desatualizadas logo depois que este livro chegue a você.)

Breve lembrete: conheço, uso, admiro e me comunico com *muitos* dos provedores dessas ferramentas. Para cada uma dessas categorias, poderia citar entre 4 e 16 outras ferramentas. Se não mencionar a sua favorita, saiba que provavelmente amo você e sua empresa mesmo assim. Quem sabe, no futuro, publicarei uma lista enorme de recursos.

A LISTA RÁPIDA

Para o propósito de resumo, vamos listar o que está em nosso kit de ferramentas e por quê, e depois disso entraremos nos detalhes:

- Ferramenta de escuta: Google Reader
- Ferramentas de busca: Technorati[100] e Google Blogsearch[101]
- Blog com base principal: WordPress.com ou WordPress.org (para hospedar o seu próprio)

---

100. http://technorati.com

101. http://blogsearch.google.com

- Blog de rascunho: Tumblr.com ou Posterous.com
- Melhor alcance: FeedBurner
- Blogs móveis: 12 seconds.tv, Utterli, Qik
- Conversa social: Twitter
- Perfil Social: Facebook
- Perfil Empresarial: LinkedIn
- Bookmarking social: Del.icio.us
- Colaboração: PBwiki[102]
- Documentos compartilhados: Google Docs
- Mensagens instantâneas com base na Web: Meebo ou Campfire[103]
- Compartilhamento de fotos: Flickr ou Zooomr[104]
- Hospedagem de vídeo: Blip.tv (YouTube também)

O que todos eles fazem

O Google Reader e as duas ferramentas de busca facilitam estabelecer uma rápida rede de buscas por tópicos, marcas, nomes de empresas e qualquer outra coisa que você deseja seguir em seu espaço. Quando digo blog de "base principal", creio que, na maioria dos casos, transformar seu Website principal em um blog pode ser preferível do que ter uma coisa estática. Por quê? Porque ele alude a conteúdo recorrente. Ele enche os mecanismos de busca com coisas para pensar.

Um blog "de rascunho" pode ser aquele que você nem publica para o mundo, mas a beleza do Tumblr é que você pode deixar escapar textos curtos, áudio, vídeo e outras coisas no site. Mantenho alguns por

---

102. http://pbwiki.com

103. http://camp.firenow.com

104. http://zooomr.com

aí para diferentes propósitos: um para anotações particulares e outro para posts multimídia.

Uso o FeedBurner para melhorar a qualidade de meus feeds de RSS, para dar às pessoas mais opções de assinar[105] meus posts e para oferecer alguma funcionalidade extra.

O Utterli é uma ferramenta simples que você pode usar de qualquer aparelho móvel (a condição para entrar é que ele tenha o número 2) e postar áudio, textos, fotos ou vídeo. O Qik[106] faz streaming de vídeo ao vivo se o seu telefone suportar fazer filmes.

O Twitter permite mensagens de um para muitos de múltiplos pontos (Web, IM, app de terceiros ou aparelho móvel). É bom também para presença e para compartilhar breves informações de status.

O Facebook, na verdade, faz muitas coisas e é uma rede social completa; como padrão, preencha um perfil pessoal com bastante informação sobre você e com links para o seu site principal e/ou seu blog e ele fará um ótimo trabalho ajudando as pessoas a encontrá-lo. Existem outras funções, incluindo grupos e várias aplicações de terceiros. Há muito o que explorar aqui.

O LinkedIn é um site popular para postar um resumo de seu cargo atual e suas responsabilidades, assim como seu histórico profissional. Agora, existe uma função de grupo também, e você pode usar essa ferramenta extensivamente para conhecer novos colegas em sua área e prospectar empregadores; existem muitas outras utilizações para essas informações, se você pensar um pouco mais.

Gosto do Del.icio.us (se pronuncia "delishãs") para bookmarking social porque isso quer dizer que meus bookmarks estão na Web, então

---

105. http://feedproxy.google.com/chrisbrogandotcom

106. http://qik.com

posso acessá-los de qualquer lugar. Isso também significa que posso acrescentar tags e outros metadados aos bookmarks para melhorar as vias que uso para procurá-los.

Temos usado wikis para projetos colaborativos, como planejar um evento (construímos PodCamp em um wiki e ele continua firme!) ou compartilhar informações de status que podem ser mudadas por mais de uma pessoa. Existem milhares de softwares gratuitos de projetos de wikis por aí. Acho que o PBwiki é simples, flexível e fácil o bastante para compartilhar com outras pessoas. A única coisa complicada acerca de explicar os wikis para os colegas que não estão por dentro é o nome em si. Se você simplesmente disser "página colaborativa da Web" ou algo assim, fica mais fácil.

O Google Docs funciona como um ótimo substituto para compartilhar processamento de texto e funções de planilhas eletrônicas. É gratuito, seguro e faz menos confusão nos arquivos, pois você está compartilhando um link para um documento compartilhado em comum, em vez de ficar enviando várias versões dele. O Google Docs tem também um software de apresentação, mas ainda não o usei muitas vezes.

As mensagens instantâneas não morreram. Ainda existem muitas e boas utilizações comerciais para as conversas um para um. O Meebo é uma ótima ferramenta porque ele permite que você transponha vários serviços de uma vez (aplicativos de desktop que fazem a mesma coisa são o Adium, para o Mac, e o Trillian, para o PC) e converse com pessoas sobre tópicos bate e volta.

O compartilhamento de fotos e a hospedagem de vídeos podem ser usados de muitas maneiras. Eles constituem interações mais ricas, acrescentam alguma dimensão à mídia que você está fazendo para a sua empresa e dão a oportunidade de expressar sua história de maneiras diferentes do texto corrido.

Como você pode usar essas ferramentas

Não vou analisar cada uma dessas ferramentas, mas aqui está um rápido resumo de algumas delas e de como você pode usá-las para propósitos empresariais:

- *Ferramentas de escuta.* Compreender como as pessoas reagem à sua organização, seguir as novas histórias de seus concorrentes, aprender mais sobre coisas que podem impactar seu negócio.
- *Blogs.* Comunicar as novidades de sua empresa, discutir a indústria como um todo, compartilhar informações e aprendizado, responder a coisas que encontra enquanto ouve; usar internamente como uma plataforma de status.
- *Ferramentas móveis e conversas sociais.* Use para informação de status e presença, acesso de engenheiros em campo, mensagens audíveis de reuniões diárias.
- *Colaboração e compartilhamento de documentos.* Oferecer planos de projetos, documentos de intenção, relatórios de status, minutas de reuniões, projetos criativos compartilhados.
- *Mensagens instantâneas.* Usar em reuniões enquanto canal secundário e virtual durante chamadas de conferências, conversas rápidas e integradas.

Uso pessoal

Muitas dessas ferramentas são quase sempre explicadas como um modo de se comunicar com muita gente, que é a maneira como elas são comumente usadas, mas, como expliquei anteriormente quando me referi ao uso do "blog de rascunho", essas ótimas ferramentas estão aí para serem usadas por você como uma pessoa criativa que procura captar informação de forma dinâmica. Lembre-se de que as ferramentas têm um uso primordial óbvio, mas às vezes elas podem ser usadas de modo diferente quando aplicadas a um tipo de necessidade diferente. Não perca essa opção de vista.

22

Pontos de partida para as mídias e redes sociais

As organizações têm muito a considerar uma vez que decidam mergulhar nas redes e mídias sociais. Existem muitas chances de descarrilar, ou pior, de deixar o esforço virar um transtorno. Aqui estão alguns pensamentos baseados em uma pergunta que recebi recentemente em um e-mail sobre procedimentos, uma caixa de ferramentas e como cultivar uma comunidade.

Comece com a intenção

Primeiro, defina qual será a intenção de suas mídias e redes sociais. Você está esperando aumentar o reconhecimento e abrir a comunicação para sua organização? Está buscando alcançar novos mercados e canais abertos para vendas, angariar membros ou adotar mercados? Está esperando usar essas ferramentas como plataformas de colaboração? Está fazendo produtos de informação? Está só virtualizando seu watercooler? Conhecer sua intenção define o caminho que irá escolher.

Trate sua comunidade como adulto

As empresas e organizações estão muito preocupadas sobre como os blogs, podcasts e wikis podem ser usados. A verdade é que a maioria dos códigos de conduta de empregados cobre, normalmente, só uso de e-mails. Não é muito diferente. Não acrescente milhares de regras para controlar o que acontece nas redes sociais, exceto para contemplar as diferenças dessa mídia. Por exemplo, não encha as pessoas de coisas que elas não devem fazer. Se você é uma empresa de capital aberto, faça com que seus blogueiros acrescentem uma declaração (como "minha opinião exclusiva"), lembre-os sobre as normas para e-mails e deixe a coisa correr.

Um exemplo de política para blogs

Se eu fosse lançar um programa para mídias sociais em uma empresa, convocaria uma rápida reunião presencial. Mencionaria o seguinte:

- Estamos formando um blog para a organização. Todos aqui estão convidados para usar nossa nova plataforma de blogs. Por que fazer isso? Porque achamos que vocês são criativos e inteligentes e queremos dar-lhes uma oportunidade de compartilhar suas ideias com uma audiência mais ampla, dentro e fora da organização.
- Como ele é público, lembrem-se de que não podemos falar sobre segredos da empresa, projetos futuros que ainda não foram anunciados e nada que possa afetar o valor das ações de nossa empresa.
- Dentro do razoável, vocês podem dizer o que quiserem sobre nossos produtos e serviços já disponíveis para o público. Se fizerem críticas, sugiram soluções. Ofereçam exemplos de aprimoramento. Preferimos que ele seja construtivo. Usem o seu julgamento.
- Quando postarem fotos, vídeos ou música, tenham em mente que esses materiais podem ter direitos autorais. Por exemplo, só porque você pode ver uma foto no buscador de imagens do Goo-

gle ou no Flickr, isso não quer dizer que tem o direito de postá-la em seu blog. Falaremos mais sobre a Creative Commons e alguns outros recursos mais adiante.

- Posts sobre outros assuntos são bem-vindos. Não esperamos que absolutamente todos os posts sejam sobre a organização. Esperamos que falem sobre nós de vez em quando, pois nosso objetivo é mostrar aos nossos clientes, vendedores e outros agentes, assim como à comunidade maior, que são vocês que tornam a nossa empresa fantástica.
- Tudo bem mencionar nossos concorrentes. O mundo não gira em torno de nós (tudo bem, mas nós fingimos que gira!), e sabemos que algumas pessoas são melhores em alguns aspectos. Não esfreguem isso em nossa cara, nós entendemos.
- Deletar posts de blogs é considerado falta de etiqueta na Web. Não fazemos isso aqui, a menos que alguma coisa viole nossa política de privacidade e/ou nossa política de ética. Postar garotas gostosas não será legal, mas uma ou outra foto de seu gatinho com chapéu de caubói, tudo bem. Você é um ser humano, não um robô.
- Mencionamos que seria legal se você falasse de nós de vez em quando? Ótimo!
- É considerado boa etiqueta dar o link de outros ótimos posts que você leu e comentar sobre outros blogs escritos por pessoas que você admira ou com quem quer conversar.
- Quanto à frequência e à quantidade, costumamos avaliar você a partir de seus resultados em sua função primária. Se o seu trabalho começar a ser afetado porque você se tornou um blogueiro de primeira linha, teremos que ajustar suas expectativas um pouquinho. Do contrário, use o seu julgamento.

Alguma coisa nessas linhas seria um bom ponto de partida para uma política para blogs, creio. Você já redigiu uma política para blogs? Qual é a *sua* política?

Elementos da sua plataforma de mídias sociais

As pessoas estão vendendo todo tipo de tecnologia para blogs, embora haja muitas plataformas gratuitas e de código aberto por aí. Oportunidades simples e hospedadas são abundantes. Além disso, existem alguns excelentes novos produtos colaborativos, e *um monte* de empresas de software para gerenciamento de conteúdo constrói soluções para todas as necessidades. Em vez de recomendar qualquer plataforma específica, salientarei algumas coisas a considerar:

- Os ambientes operacionais variam: alguns sistemas de conteúdo trabalham com plataformas Linux usando somente código aberto, e outras são construídas para o ambiente Windows. Se você está construindo um sistema interno, considere com o que sua equipe de TI se sentirá confortável em dar suporte. Ou considere pular essas duas opções e construir sobre um ambiente hospedado na Web. Com relação ao último ponto, quanto mais arcano ou desconhecido o sistema, menos provável será que você consiga suporte caso o vendedor e você se desentendam. Fique alerta.
- O sistema de conteúdo deve apresentar um suporte de feed de RSS.
- Isso significa que todo o conteúdo pode ser exportado através de um protocolo específico que permite que as pessoas o visualizem em um leitor ou em outra aplicação de sua escolha, e não somente no site como um destino. (Para mim, os sistemas que

não suportam RSS são desmancha-prazeres. Pode ser que você tenha uma opinião diferente.)

- A habilidade de postar de maneira simples e visual (como seria usar uma ferramenta como o Microsoft Word), assim como a possibilidade de postar no formato HTML, é útil. Gosto de escrever em HTML, mas outros preferem o conforto das ferramentas WYSIWYG.
- O suporte das mídias é bem padronizado hoje em dia, mas deve ser levado em conta. Em um mundo onde o YouTube não é mais só cachorros andando de skate, a capacidade de embutir vídeos em Flash, assim como a de postar MP3 e arquivos MOV (entre outros tipos) seria importante.
- O vídeo tem vários desafios agregados. Recomendo fortemente uma plataforma de hospedagem terceirizada, depois embutir um player em vez de integrar à sua plataforma. Sim, existem ótimas plataformas que funcionam dentro do firewall, e há algumas soluções fáceis para acrescentar vídeos, mas se você vai usar muitos vídeos e não é uma produtora de mídia, é melhor que essa parte seja terceirizada.
- A mobilidade é uma prioridade? Aplicações como o Utterli, o Tumblr e outras permitem que você poste com mobilidade. Integrar dados de mais de uma fonte seria, assim, importante e interessante. Preste atenção se é fácil importar feeds e postar em sua plataforma de mídia. Esta é uma limitação que pode ser um tanto aflitiva mais adiante.
- Vale a pena considerar fazer back-ups, exportar, importar e algumas funções administrativas se você vai colocar informações e investir esforços sérios na plataforma. Por exemplo, faço back-ups completos das informações do www.chrisbrogan.com toda

semana, independentemente do fato de ele estar postado em um sistema de hospedagem.

- A customização é importante. Se você não pode fazer a plataforma ter uma cara que combina com o resto de sua presença, então para que fazê-la? A maior parte dos sistemas permite fazer isso razoavelmente bem, aceitando o suporte do Cascading Style Sheet (CSS) e outras características, mas verifique primeiro.
- Além destas, eu poderia dar muitas outras opiniões, mas isso deve dar para começar.

Mantendo uma comunidade viva e crescente

Guardei a parte mais difícil para o final. Naquele antigo filme do Kevin Costner chamado *O Campo dos Sonhos*, o gancho do filme era uma voz fantasmagórica vinda do milharal que dizia "Se você construir, eles virão". Nada mais distante da verdade.

A atenção das pessoas está no limite. O estresse no trabalho está igualmente escalando. O quociente das atrações fascinantes na Web está em seu ápice neste momento. Então, as probabilidades de fazer uma comunidade sólida, plena e rica que chegue às centenas de milhares da noite para o dia são poucas. Para cada sucesso "instantâneo", como o Club Penguin para crianças ou o Facebook para todo o resto, existem toneladas de fantasmas digitais por aí. Não estou dizendo que sei qual é o ingrediente secreto, porque se soubesse teria feito a minha própria rede, conseguido que a Microsoft e o Google me fizessem uma oferta de bilhões de dólares e curtiria minha aposentadoria na Terra Nova.

Em vez disso, aqui vão alguns pensamentos.

- As comunidades que têm "algo para fazer" se dão melhor. Quer um exemplo? O Amazon. Você pode ir lá e ler sobre livros, escrever comentários, construir wikis e fazer um milhão de outras coisas com os produtos que você adora. Mais um? O Flickr. Entre lá e veja as fotos de outras pessoas, faça parte de grupos, faça tags e comente, faça anotações. O Facebook? Você pode se perder em todas aquelas aplicações ou envolver-se a fundo em todos os grupos que estão lá. Garanta que haja algo para fazer.
- Fuja dos limites com frequência. Novas comunidades crescem estimulando novos imigrantes aos poucos. Por exemplo, se você é ativo no Twitter, pode ocasionalmente indicar posts em sua própria nova comunidade. Não a toda hora. Demais perde logo a graça. Você pode comentar em outros blogs que tenham intuitos parecidos com os de seu grupo e onde você povoa seu URL (na maioria dos blogs, você digita seu nome, e-mail e URL). As pessoas clicam no URL de comentários que parecem interessantes. (Nada de spam!)
- Estimule em vez de sufocar. Você quer ver uma comunidade se voltar contra seus mantenedores? Quando os sites fogem dos objetivos de sua comunidade, coisas ruins acontecem. Dê uma olhada no que aconteceu[107] quando o site social de notícias Digg mudou um pouquinho o seu algoritmo. Não foi nada bonito. Então, tenha cautela no modo como interage com a comunidade.
- Faça valer a pena para a comunidade. Se você vai construir um lugar para as pessoas colaborarem, compartilharem ideias e criarem conteúdo, fique à procura de maneiras de oferecer algo para os membros de sua comunidade em troca de seus esforços.

---

107. www.nytimes.com/idg/IDG_002570DE00740E18002573DA005F4030.html?ref=technology

- Os administradores não são os gerentes da comunidade. Há gerentes de comunidade, e são aqueles que conhecem todas as maneiras de envolver as pessoas. Connie Bensen,[108] Jake McKee,[109] Jeremiah Owyang[110] e muitas outras ótimas pessoas são comunitárias até a medula. Elas sabem como energizar uma comunidade. Procure um gerente de comunidade para dirigir o ambiente e torne esse o papel principal dele ou dela. Será algo *valioso* a longo prazo.

As redes de outras pessoas

Aqui está uma consideração para quando construir sua própria rede social e quando usar redes sociais já existentes: já possuir muitos membros de comunidade em sua organização *versus* procurar cultivar uma comunidade. Se for o primeiro cenário, então construa uma rede social. Se você está procurando crescer do nada, pense em começar nas redes sociais de outras pessoas.

Uso os dois métodos para meu próprio interesse. Acho que é importante fazer parte de uma comunidade livre, então participo do Twitter, um pouco menos do Facebook e em uma variedade de outros lugares. Meu método pessoal é focar nas pessoas, não na plataforma, o que significa que não estou no Facebook porque é o Facebook. Estou lá porque alguns amigos e colegas de profissão estão. Esse é um aviso popular de Eric Rice[111] para as redes sociais também. Ele está onde seus amigos estão, não só no que é novo e atraente.

---

108. http://conniebensen.com

109. http://communityguy.com

110. http://web-strategist.com/blog

111. http://ericrice.com

Para você, é mais uma questão de se você tem a comunidade montada e está procurando atingir aqueles dentro de sua plataforma, oferecendo-lhes ferramentas e recursos para se conectarem e se comunicarem de modo cruzado. Um de meus exemplos favoritos é o FastCompany.com, que durante algum tempo transformou sua propriedade on-line em uma rede social que girava em torno dos pontos discutidos em sua revista em vez de simplesmente repetir o que a revista dizia. Hoje em dia está um pouco mais misturado, mas ainda existem muitos traços de comunidades embutidos nele. Pontos para o USAToday.com pelo seu esforço também.

Existe um modelo híbrido? Creio que sim. Talvez você possa construir uma rede e compreender que ela pode demorar para crescer, e depois cultivar sua comunidade participando de áreas "outpost" como o Facebook ou o Twitter, ou o outro bilhão de redes existentes.

As pessoas são o centro

No centro disso tudo estão as pessoas. Tudo que veio antes disso não funciona nem um pouquinho até que você compreenda as pessoas que procura atingir, as que você espera que contribuirão e as que compartilharão seu tempo com você sob todos os ângulos. Se, por exemplo, você começar uma plataforma de blog no trabalho e depois reclamar que as pessoas a estão usando, elas não irão usá-la. Se você construir uma rede social dedicada a falar de como os produtos de sua empresa são maravilhosos, ela vai ficar velha logo, logo.

Você sabe qual é a necessidade mais premente da humanidade? A necessidade de se sentir querido. Se você considerar os incentivos por trás da maioria das ações das pessoas em um determinado dia, o que está em seu cerne é sentir que elas estão fazendo algo importante, interessante e digno. Isso tem que estar no centro de suas motivações e perspectivas se você vai lançar um projeto como este. Faça valer a pena para as pessoas e elas participarão.

Agora, é só começar

Uma análise que paralise é terrível. Tente algo. Mesmo que você lance só uma pequena parte das intenções de seu projeto, agora é a hora certa de experimentar. O que o impede?

Se você quer conselhos, ou se quer customizar essa informação para sua organização, estou sempre disponível para conversar mais. Tenho um formulário de contato no: http://chrisbrogan.com/contact. Diga-me de que você precisa. Fico sempre contente em ajudar.

23

O que *Friends* e *Seinfeld* ensinam sobre como aumentar a audiência

Na década de 1990, a NBC criou um plano perfeito para sua programação de quinta-feira à noite. Ela exibiria *Friends* e depois um outro programa, depois *Seinfeld*, depois um outro programa e depois *ER*. Nas grades do "outro programa", a NBC colocaria produtos não tão populares que ainda não tinham força para se sustentar sozinhos. Eles eram pontos de incubação. E é essa a minha recomendação para você, se quer aumentar sua audiência.

Encontre o seu *Friends, Seinfeld, ER*

Se você é um blogueiro ou podcaster médio ou pequeno, encontre conteúdo que seja parecido com o que você está falando. Comece comentando, contribuindo e encontrando modos de acrescer em vez de parecer um produto clonado. Procure as coisas que os outros *não* estão abordando e faça delas a sua maior especialidade. (Aparte: se você sente que é realmente único, ou isso é muito incrível ou vai ficar mal para o seu lado.)

Não grude feito uma sanguessuga, mas veja se pode pelo menos estabelecer um relacionamento para conversar.

Seja o seu próprio programa

Essencialmente, os programas de televisão que tentam fazer misturas não pegam. O mesmo acontece com histórias em quadrinhos (pergunte a qualquer escritor de quadrinhos e aos fãs). Certifique-se de ser você mesmo o seu produto e que seu produto aguente bem sozinho. O modelo da NBC previa que o programa entre *Friends* e *Seinfeld* seria um sucesso e teria seu próprio dia e horário, ou então morreria depressa.

Pense sobre a paisagem

Pense em como seu blog melhora o dia de alguém. Na verdade, aqui está uma lição de casa: olhe para o seu blog como se fosse um livro na estante. Agora imagine essa estante numa livraria como a Barnes & Noble (ou na Chapters, para meus amigos canadenses) e que você tem música, vídeo e outras coisas como concorrentes.

Seja holístico acerca disso. Pense no tempo de sua audiência. Eles estão lendo, assistindo, consumindo você e vários outros blogs? Será que lhes sobra tempo para blogs depois do trabalho, TV, escola, filhos, cônjuges e hobbies que não envolvem teclados (ouvi falar que eles existem). Como você pode tornar seu produto *tão bom* a ponto de fazer as pessoas se agendarem para conhecê-lo?

Este deve ser o seu objetivo.

Os produtos que escolho, com relação a blogs, são informativos e agregam valor a toda hora. Todos os blogs de vídeo e os programas de TV na internet que eu gosto me impressionam e me mantêm querendo mais. Em todos os casos, sinto que estou aprendendo, que existe muito pouco peso morto no resultado do produto e que estou tendo o melhor retorno do tempo que invisto.

Você *deve* pensar sobre seu próprio produto da mesma forma.

Busque a mistura de audiências

Já mencionei que seu produto tem que ficar de pé sozinho e que as misturas na televisão e nos quadrinhos não dão certo, mas o que eu não disse e deveria dizer é que a mistura de audiências é mágica. Qualquer lugar em que você encontre maneiras de fazer com que a audiência de um grande produto interaja com você é bom. Não entre no blog dos outros e diga que o seu é o máximo. Isso não funciona. Dá a impressão que você quer tirar vantagem dos outros. Mas não faz mal algum você escrever um tópico de follow-up que acrescente algo a um blog cuja audiência poderia realmente adorar o seu produto.

O cruzamento de produtos é ruim (normalmente). O cruzamento de audiências é legal. Preste atenção na diferença.

Sempre procure envolver

Recentemente, comecei um "side blog"[112] pessoal onde posso fazer projetos de "laboratório", falar de mim em interesse próprio. Por que separar as coisas? Somente porque meu objetivo primordial aqui é agregar valor para você, e isso significa não ter piedade de contar que sinto que não tem valor.

Sim, é legal saber mais sobre as pessoas que você lê e experimenta, mas quero que, em cada espaço de minha loja virtual pessoal, você consiga obter o que veio procurar, e quero envolvê-lo.

Não acho que contar sobre minhas experienciazinhas no Twitter vá envolvê-los – até que elas envolvam.

---

112. http://chrisunplugged.tumblr.com

Friends e *Seinfeld* podem ter partido

Mas as lições que a NBC nos deu continuam. Veja se você pode incorporar um pouco disso ao criar sua mídia, e me conte o que achou. Como o seu produto se compara com, concorre e completa outros produtos por aí? Você já pensou bastante nisso? O que poderia compartilhar?

24

O Twitter revisitado

O Twitter é a coisa mais idiota que alguém poderia imaginar inventar. Se eu dissesse para você: "Quero que você instale um aplicativo que causa dependência, consome tempo, é acessível a várias plataformas e se alastra feito uma trepadeira selvagem", você diria que sim? Não. É claro que não.

Mesmo assim, *o Twitter, sozinho, mudou meu ano de 2007.* Ele acrescentou muito mais conectividade ao meu universo. Ele me forneceu experiências que eu não tinha um ano antes. Ele me trouxe novos relacionamentos valiosos com pessoas que são importantes para minha vida profissional e pessoal.

Muita gente tem opiniões conflitantes sobre o Twitter e como usá-lo, por que usá-lo e por aí adiante. Aqui está a minha opinião sobre como uso o Twitter e/ou como você pode encontrar alguma utilidade para ele, e também um pouco de etiqueta na hora de usá-lo.

O Twitter é uma comunidade que você mesmo constrói

Você aparece sem nenhum amigo e a primeira coisa que tem que fazer é olhar em volta e ver quem você deveria adicionar. Ou você pode jogar sua caixa de entrada dentro do Twitter e ver se conhece alguém. Sempre recomendo isso (acrescentar sua caixa de entrada), mas não necessariamente convidar todo mundo de sua caixa para entrar, se eles ainda não tiverem entrado. (As pessoas estão começando a franzir a cara para esse tipo de coisa.)

No entanto, são necessárias algumas considerações antes de você entrar com tudo e adicionar todo mundo. Aqui estão algumas coisas para você pensar, ditas por um sujeito que tem mais ou menos 103.000 pessoas em seu stream (por volta de outubro de 2009):

- Acrescentar todo mundo ao seu stream do Twitter significa que existe mais energia, mais amplidão de interesses, mas também menos habilidade para focar em pequenos grupos de pessoas que importam mais para você do que outros.
- O Twitter é uma conversa, não uma emissora. Se você acrescentar muitas pessoas, perceba que terá que conversar com elas ou perderá força depressa.
- Existe muito "ruído" que vem junto com o "sinal" das pessoas no Twitter. Escolha aquelas que falam sobre coisas que também lhe interessam.
- Abandone todas as ideias de que o Twitter é uma ferramenta de marketing profissional. Ele até pode ser ocasionalmente, mas não com a frequência que você precisa para fazer com que valha a pena. (Não foi pensado para esse propósito.)
- Se todo o resto falhar, procure pessoas que você conhece e gosta, veja quem *elas* têm como amigos e adicione-as.

O Twitter é um ótimo lugar para compartilhar ideias

É um watercooler virtual, com certeza. Você pode ficar por aqui, papear sobre as notícias, sobre seu jantar, sobre o filme que você viu ontem à noite ou sobre o que é mais importante para você. O conteúdo é seu. E quase sempre você pode descobrir bem depressa sobre o que seus amigos no serviço preferem falar.

Mas não é exatamente o lugar certo para manter uma conversa. Existem muitos recursos melhores para isso, como o IM, ou levar a conversa para um blog ou até para o mundo real. Não encare o Twitter como um ótimo lugar para conversar, especialmente quando você tem muitos amigos. Encare-o como um banco de pensamentos, um lugar para recolher informações, para inspirar novas ideias ou para ver o que seus amigos estão fazendo.

O Twitter como um saltador de barreiras

No começo dos anos 1990, e-mails quebravam barreiras. As pessoas respondiam os e-mails mesmo sem ter ideia de quem os enviava. Depois, no final da década de 1990, os blogs superavam barreiras. As pessoas interagiam com você se você fizesse comentários em seus blogs. Agora? O Twitter. Amanhã? Não sei bem. A coisa está se estreitando.

Mas por alguma razão, o Twitter me proporcionou conversas significativas off-line com pessoas que eu conhecia somente do Twitter. Minha experiência no Twitter realmente redefiniu meu ano de 2007, pois permitiu que eu me comunicasse com pessoas maravilhosas, muitas das quais eu ainda não conhecia pessoalmente, somente através das mídias que produziam.

Gosto de dizer que o Twitter é o "comentários do diretor" para a nossa mídia. É dessa forma que considero o Twitter um ótimo saltador de barreiras.

O Twitter é o stream do Matrix

Existe uma cena no filme *Matrix* na qual Tank (ou outro cara tipo *Matrix*) explica que ele pode observar os padrões da informação e ver algo com alguma clareza. Uso bastante o Twitter dessa maneira. Eu o uso como um computador grande e inteligente. Faço perguntas ao Twitter (ou seja, a milhares de vocês) e obtenho respostas.

Se você escolheu acumular um monte de amigos no Twitter, espere usar o Twitter mais como um stream do que como uma ferramenta um para um para colocar as novidades em dia com seus amigos. Raramente vejo meus amigos mais chegados passarem pelo stream. Em vez disso, tenho que estabelecer pequenos caminhos para observá-los, como usar o Seesmic Desktop[113] para montar grupos e interagir dessa maneira.

O Twitter não é para todo mundo

Se você for uma pequena empresa e procura o Twitter como uma maneira de aumentar seus negócios, não estou convencido de que ele será a ferramenta certa para essa tarefa. Se você é um grande empresário tentando construir relacionamentos, é melhor pensar de fato em sua estratégia no Twitter. Não seja o negócio; seja o ser humano. Nós interagimos com seres humanos. Sim, sabemos que você quer falar de seu negócio, mas fale conosco como seres humanos. Aqui está uma coisa estranha. Pergunte a *nós* o que fazemos, com sinceridade. Depois, se gostarmos de você, provavelmente vamos querer falar com você.

Você acha que não funciona? Pense em quanto dinheiro e tempo está desperdiçando enviando e-mails para as listas de endereços.

Existem alguns caminhos do mundo que o Twitter realmente não foi feito para trilhar. Tudo bem. Existem outras ferramentas. Lembre-se de que ser um "eu também" e ser um membro só porque algumas pessoas

113. http://seesmic.com

também são é como decidir que você tem que aprender a arremessar uma bola rápida só porque você gosta de assistir a jogos de beisebol.

Experimente, se quiser. Veja se funciona para você, e depois decida o que fazer com ele.

Algumas dicas para o Twitter

Aqui estão algumas maneiras específicas de usar o Twitter sobre as quais você pode não ter pensado ou que talvez queira repensar:

- Comece com a Busca. Vá para http://search.twitter.com e digite palavras que tenham a ver com o seu local de trabalho, seu produto, seus concorrentes, sua localidade – o que quiser buscar. Saiba quem está conversando sobre o quê no Twitter e você imediatamente o usará melhor do que a maior parte dos iniciantes.
- Considere um cliente desktop e um cliente telefônico. Minha preferência pessoal é o Seesmic Desktop, que requer o Adobe AIR para rodar, ou você pode tentar o TweetDeck.[114] Não vou dar o número de telefone aqui porque parece que surgem mais de dez novos apps Twitter iPhone e Droid toda semana, e plataformas como o BlackBerry e o Palm também estão deslanchando.
- Se você quer promover seu blog ou podcast, pelo menos tente fazer isso através de conversas. Pergunte às pessoas o que elas pensam sobre o aquecimento global proveniente do metano produzido pelas fazendas e compartilhe o link. Não vá simplesmente dizendo a URL de seu podcast.

---

114. www.tweetdeck.com

- Se você quer fazer amigos de verdade no Twitter, preste atenção em quem usa muitos @ replies, e veja como eles interagem com outros. Algumas pessoas usam o Twitter como um megafone e outras o usam como um walkie-talkie.
- Se você quer usar o Twitter para conhecer novos colegas de negócios, o que você faria em outros espaços de mídias sociais? Aprenda mais sobre eles. Siga seus links. Leia seus blogs. Passe a conhecê-los. Não pule simplesmente sobre eles. É fácil deixar de seguir alguém nesse espaço.
- Tente isso: em vez de "O que você está fazendo?" tente perguntar "O que está chamando sua atenção?". Descobri que a resposta é comumente mais útil para os outros.
- Faça o melhor para promover outras pessoas no Twitter em vez de falar só sobre você e suas coisas. Se você encontrar uma coisa boa, compartilhe-a.

25

Estudo de caso: para aqueles que menosprezam as mídias sociais

A grande mídia pensa sobre as mídias sociais: se as esmagam, se unem-se a elas ou se simplesmente as ignoram. Os marqueteiros se perguntam se deviam usá-la como uma nova maneira de chegar aos clientes. Ah, talvez as mídias sociais tratem de ervilhas. Tenha paciência!

Susan Reynolds se encheu de ervilhas

Para situar, Susan Reynolds[115] é artista, uma pessoa criativa, e eu a conheci em 2007 através do Twitter. Ela faz parte do lado mais "social" do Twitter, ao lado de Ann Ohio e toda a turma. Sei que Susan também entra no Second Life e seu círculo.

Só que um dia ela ficou sabendo que tinha câncer de mama. Foi tudo muito rápido, e os médicos fizeram-lhe um exame minucioso. E depois de "uma tarde repleta de múltiplos ferimentos de faca", como ela colocou,[116] Susan ficou sabendo que colocar gelo no peito ajudaria o sangramento, o inchaço e a dor.

De repente, o Twitter se tratava de ervilhas. Deixem-me explicar.

---

115. http://susanreynolds.blogs.com

116. http://susanreynolds.blogs.com/boobsonice/2007/12/whats-with-the.html

As mídias sociais não são só tagarelice

O Frozen Pea Fund[117] (em inglês, Fundo da Ervilha Congelada) foi aberto na sexta-feira, 21 de dezembro de 2007, para levantar fundos para a pesquisa do câncer de mama em nome de Susan. Sua mensagem foi espalhada por Robert Scoble,[118] Shel Israel,[119] Jon Swanson[120] e Connie Reece,[121] só para citar alguns.

Gente como Laura Fitton e Kosso montaram um grupo de feeds do Twitter[122] e C.C. Chapman montou o TwitterPeas.[123] No geral, é um grande trabalho realizado por muita gente para aumentar a penetração da campanha.

E isso é para apoiar uma amiga que muitos de nós nem conhecem pessoalmente. O esforço conseguiu levantar o ânimo de Susan, arrecadando dinheiro, chamando ainda mais atenção, através desse novo meio, para algo que era importante e afetava o mundo inteiro, e foi um projeto que se espalhou de forma viral. Duvido que alguém o considere um fracasso, muito pelo contrário. Ele é referência frequente como um projeto modelo para muitas outras causas levadas ao Twitter desde então.

---

117. https://frozenpeafund.pbworks.com

118. http://scobleizer.com/2007/12/18/davos-question-how-to-improve-the-world--my-answer-peas/

119. http://redcouch.typepad.com/weblog/2007/12/susan-reynolds.html

120. http://levite.wordpress.com/2007/12/20/i-hate-peas/

121. http://everydotconnects.com/2007/12/20/community-vs-cancer/

122. http://twitter.com/peaple

123. http://twitterpeas.com

Dê de ombros, se quiser

Estamos aqui enviando pessoas à faculdade,[124] apoiando outros programas para levantar fundos contra o câncer,[125] fazendo micro-empréstimos[126] e participando de outras causas fabulosas que estão ajudando seres humanos reais.

As mídias sociais são muito mais do que blogs, podcasts e redes sociais. São eficazes para alcançar pessoas que estão além dos teclados e microfones e conectá-las a coisas importantes.

---

124. http://beth.typepad.com/beths_blog/2007/10/twitter-chris-b.html

125. http://socialhoneycomb.com/dance-benefit

126. http://kiva.org

26

Sugestões básicas para blogs de negócios

Você decidiu que vai seguir as recomendações deste pregador e começar a escrever um blog. A palavra ainda o incomoda, mas lhe disseram que é como um informativo ou um artigo para uma revista, só que mais rápido e on-line. O que vem a seguir? Qual seria a primeira abordagem? O que fará a diferença entre um blog que as pessoas leiam e um que as pessoas ridicularizam? Aqui estão algumas ideias e sugestões básicas. Nenhuma delas é regra. Existe uma centena de maneiras de fazer as coisas.

Acima de tudo, seja humano

São *pessoas* que leem blogs (tudo bem, podemos dizer que o Google *também* lê seu blog, mas falemos nisso uma outra hora). Para esse fim, apresente-se como um *ser humano*. Escreva na perspectiva da primeira pessoa (use "eu"), e escreva como se você estivesse falando *comigo*, não com uma massa anônima.

E também fique atento aos limites das pessoas.

Comentar é igualmente importante

Lembre-se de visitar outros blogs no espaço e comentar sobre histórias e posts de que gostar. Não seja "aquele cara" ou "aquela moça" que fala de si mesmo e de sua empresa em todos esses comentários. Em vez disso, certifique-se de parecer humano e comentar sobre coisas que o interessam. Comentar *é importante*, e nós sabemos se você faz parte de nossa comunidade pelo modo e pelos lugares que comenta.

Políticas relativas a blogs

Suas políticas de blog não devem ser mais complexas do que suas políticas para e-mails. Analise a política de sua empresa e veja se pode substituir o termo *e-mail* por *blog* ou *blogar*. Se a resposta for sim e isso fizer sentido, provavelmente tudo bem. Nem é necessário dizer que a estratégia da empresa, assim como os dados financeiros, não são informações adequadas para se colocar em blogs.

Se você precisa montar algum tipo de política por meio da qual mais do que um par de mãos tenham que tocar num post de blog, mantenha a coisa simples. Mais de dois pares de olhos por trás do autor e acredito que você já matou o interesse das pessoas em blogar.

Isso tem que ser amarrado com estratégia?

Lembre-se de que um blog de negócios tem mais requisitos do que um blog pessoal. Por que você começou um, em primeiro lugar? Qual é o objetivo do blog? O que você espera fazer com ele? Pense nisso e analise seus esforços para atingir seu objetivo regularmente. Se você puder estabelecer uma métrica de qualquer tipo, isso pode ajudar.

Por exemplo, se o seu objetivo é envolver, meça o número de comentários, acessos, assinantes de RSS, links de entrada e alguns outros critérios. Mas se o seu objetivo é o atendimento ao cliente, talvez o próprio blog não seja medido tanto quanto o sentimento geral no mercado.

O que quero dizer, simplesmente, é que você deve prestar atenção à estratégia por trás do motivo pelo qual você se deu ao trabalho de fazer um blog, antes de tudo.

As plataformas não são *tão* importantes

Mas você deve considerar se a plataforma de blog que você está usando é fácil o suficiente para mantê-lo agradável, se ela possibilita assinaturas de RSS, colocação de tags, a habilidade de acrescentar plug-ins e códigos externos e alguns outros detalhes que ficarei contente em compartilhar, se essa for uma grande preocupação.

Misture

Não queremos ler *somente* sobre sua empresa, seu produto e você. Queremos sua visão sobre a indústria como um todo, sobre eventos que possam ter ressonância junto a nós fora de sua organização, sobre outras forças que possam impactar em nosso relacionamento com você e seus produtos. Tente manter isso em mente quando escrever. Sim, é um blog da sua empresa, mas também é uma fonte de informação e, como tal, tem que refletir o mundo à nossa volta.

Não venda, mas não seja tímido

Um blog não é para vendas agressivas. Vamos aceitar isso. Sim, seremos sugestivos. Sim, seremos persuasivos. Daremos um gosto do que você pode receber se comprar o pacote todo, mas se for somente um lugar onde se vende, não vamos ler. É o ponto de partida de um chamado à ação para o que você venderá em seguida.

Tem que haver paixão, interesse e informação fluindo. É claro que você pode nos ajudar a encontrar lugares para comprar coisas. Tente misturar um pouco também, mas se puder, considere os últimos posts que escreveu e veja se é hora de vender para nós novamente.

Construa um fluxo de trabalho

Você pode não ter vontade de blogar a toda hora. Talvez seja útil manter um bloco de anotações com tópicos e ideias para você poder consultar quando tiver tempo. Também não tenha receio de escrever em um arquivo de texto e depois passar para o software de seu blog quando tiver terminado. Isso possibilitará que você escreva onde estiver, com ou sem a Web, sempre que tiver um momento. (Nota: existem muitas ferramentas ótimas para isso também, incluindo o Windows Live Writer, para o PC, e o Mars Edit, para o Mac.)

Outro truque para manter um bom fluxo em seu blog é cultivar o hábito de ler blogs com frequência. Use uma ferramenta como o Google Reader e assine sites e buscas relevantes que o manterão atualizado com posts de qualidade.

Linke-se

Nós prestamos atenção aos lugares em que você se conecta. Se todos os links de seu blog se voltam para suas próprias coisas, nós o desprezamos como sendo autorreferencial. Pense em destacar outros ótimos posts em seu espaço e forneça os links e créditos adequados. Não venda a loja, mas certifique-se de construir um hábito saudável com relação a links. Do contrário, o fluxo de entrada de links também não fluirá.

A frequência é o número de vezes que você tem valor para agregar

Se você bloga uma vez por mês, seu tráfego provavelmente será péssimo – a menos que você seja Donald Trump, e então imagino que você conseguiria se safar. Para o resto de nós, tente blogar pelo menos uma vez por semana ou, se conseguir todos os dias, melhor ainda. Não se sinta frustrado se não conseguir blogar todo dia de imediato. Blogar requer prática e, às vezes, é algo que pode ficar no final de nossa lista de prioridades (como deveria). Mas se você construir um fluxo de trabalho decente, este esforço se tornará mais natural com o passar do tempo.

Atente ao design

Recentemente, escrevi sobre design de blogs,[127] então não vou reinventar a roda, mas em poucas palavras, certifique-se de ter informações de contato fáceis de usar no blog. Coloque uma página "sobre" muito humana, incluindo informações sobre o autor do blog e também a empresa em que trabalha. Nós *sabemos* que é um blog de empresa. Nós queremos saber de você também. Por fim, certifique-se de que o blog tenha todas as ferramentas de compartilhamento embutidas nele, de modo que as pessoas possam marcar sites favoritos com facilidade, compartilhar em espaços populares e fornecer essa informação com facilidade para outros.

Estimule o diálogo

Como se constroem posts para blogs que perduram e agregam valor? Estimulando o diálogo. Um modo de conseguir isso é fazendo

---

127. www.chrisbrogan.com/make-your-blog-design-work-for-you/

perguntas às pessoas que leem esse blog. É uma ótima maneira de saber as especialidades das pessoas no espaço. Não há nenhum especialista? Então pense em escrever seus posts de modo que sua provável audiência terá algo a comentar e agregar seu próprio valor. Fazer um post sólido como uma rocha é um convite para ninguém falar nada sobre ele depois.

27

Um exemplo de fluxo de trabalho para um blog

Sua empresa decidiu lançar um blog e você é o blogueiro sortudo. Talvez você até tenha pedido por esse prazer, sugerido em pessoa ao seu chefe. Só que agora você tem que fazê-lo e tem que permanecer consistente. Não é sempre fácil manter um ritmo estável para blogar e há dias em que você pode deparar com alguns obstáculos que o farão atrasar o fluxo planejado. Aqui estão algumas ideias sobre como montar o blog e fazê-lo em um ritmo estável, seja para seu blog pessoal ou para o blog da empresa. Cobrimos objetivos, tarefas, ferramentas e damos alguns segredos de presente.

Os objetivos de seus posts

Blogar com um propósito ajuda-o a permanecer consistente. Meu blog, por exemplo, é dedicado a equipar vocês com estratégia, ferramentas e conhecimento para que possam decolar e fazer coisas úteis com as mídias sociais e os softwares de rede. Este é o objetivo principal do blog como um todo. Os objetivos secundários são manter uma presença em sua mente, caso você necessite de serviços profissionais. Outro objetivo seria preservar o hábito de escrever e trabalhar para melhorar minha escrita. Estes são os objetivos do meu blog.

Os objetivos para meus posts no blog (*versus* os objetivos para o blog como um todo) são diferentes a cada post. Além das ideias já mencionadas, aqui estão algumas formas possíveis de usar posts específicos:

- *Encontrar prospecções.* A maioria de meus posts são úteis para você, mas também provocam um desejo em meus clientes em potencial (seja por falar ou pela execução e conselhos detalhados). Isso não é acidental. Escrevo para meus clientes e também para você.
- *Procurar tráfego de links.* Escrevo certos posts (como qualquer coisa com um número grande) com o objetivo secundário de obter de você links para a história. Por quê? Porque isso diz ao Google e ao Technorati que estou fazendo coisas boas por aqui, e isso influencia o modo de encontrar meu blog.
- *Procurar aconselhamento.* Comumente escrevo posts nos quais peço a sua opinião. Por que ter um blog se não consegue começar uma conversa?
- *Estabelecer liderança de pensamento.* Quando escrevo sobre algo que foi retirado há muito tempo do blog dos outros é para mostrar a você que não sou um blogueiro "eu também".
- *Promover algo interessante.* Pode ser pessoas, software ou eventos. Há um ponto sobre posts de promoção em comparação com outros tipos: se você está procurando comentários, os posts de promoção raramente os atraem.
- *Linke-se com amor.* Às vezes, quero colocar o foco em outras pessoas ou chamar a atenção para algo bem escrito em outro lugar. É importante manter isso em mente. Promover links externos aumenta os links entrantes.

Tarefas para blogar

A frequência de posts que você escolhe é importante. Oferecer muitos posts por dia é ótimo, se você conseguir manter esse ritmo. Uma vez por dia é, provavelmente, o ideal (mas não tão fácil quanto parece). Uma vez a cada dois ou três dias significa que seus leitores não saberão o que esperar. Uma vez por semana pode ser suficiente, dependendo do quanto seu blog é voltado para um nicho específico e do quão confiável você é, para começo de conversa. Mas não importa o que você decidir, tome a decisão e mantenha seu plano. Dentro desse plano, aqui estão algumas tarefas em potencial para você pensar em fazer com cada post:

- *Primeiro, leia material.* Use seu leitor de RSS para ver do que se está falando – em sua indústria, na sua vertical, nos blogs de amigos e, mais importante, em lugares marginais que não têm relação com você ou sua indústria.
- *Componha um post de blog.* Se existem pesquisa e links envolvidos, abra um arquivo de bloco de notas para gerenciar os links que você está pretendendo inserir no post ou fontes da informação que está coletando.
- *Pense em fotos.* Usar fotos torna os posts populares. Você pode usar fotos do Flickr marcadas com a licença Creative Commons, desde que cite a fonte da foto original e o link. Leia mais sobre isso em http://flickr.com/creativecommons, o site Creative Commons do Flickr. Existem outros lugares para fotos. Sinta-se livre para deixar suas outras fontes na seção de comentário em http://chrisbrogan.com/comments-from-101.
- *Coloque um tag nos posts.* Se o software de seu blog não tem tags embutidos, pense em buscar um plug-in ou pelo menos ter alguns detalhes em script de copiar/colar tags que você possa acrescentar ao final de cada post. Os tags são importantes para "buscabilidade", para pegar o novo leitor ocasional que encontra você através de metadados.

- *Anuncie seus melhores posts.* Se tenho um post do qual me orgulho e acho que ele dá o recado, enviarei um link para ele pelo Twitter, normalmente resumindo o assunto antes da URL. Também posso enviar informações sobre ele pelo Facebook, pelo status on-line do LinkedIn e/ou por lugares similares.
- *De vez em quando, faça um bookmark dele também.* Se um post me agrada de *verdade* e quero que ele crie pernas, eu o compartilharei nos itens compartilhados do Google Reader (que o envia a outros lugares), o colocarei no Stumble[128] e até no Digg.[129] Se você fizer isso, certifique-se de fazer o bookmark das coisas de outras pessoas também, quando merecerem, de modo que você não pareça estar se promovendo o tempo todo. Faço o possível para manter o equilíbrio. Espero que isso fique claro.
- *Verifique o tráfego e os logs.* No decorrer do dia, verifique o leitor de estatísticas de sua escolha para ver se o blog está tendo algum impacto. Se você instalou um mecanismo de egosurfing,[130] veja também quem blogou sobre o seu post e tente agregar algum valor ao que eles escreveram. Não simplesmente apareça e agradeça. (Outra nota: não se atormente verificando as estatísticas de seu blog. Elas são somente uma maneira de medir como as pessoas estão reagindo aos seus posts.)
- *Saia do seu blog e comente em outro lugar.* Certifique-se de reservar um tempo para comentar em pelo menos cinco blogs por dia. Toda vez que você vai postar algo e colocar um novo material, outros estão fazendo o mesmo. Respeite-os e dê-lhes comentários e retorno sempre que achar apropriado.

---

128. www.stumbleupon.com

129. http://digg.com

130. www.chrisbrogan.com/social-media-power-secret-listening/

Ferramentas

Quando você decide que tem que manter um ritmo em seu blog, não importa se está fazendo isso com objetivos empresariais ou pessoais, existem algumas ferramentas importantes que você deve considerar. Se você vai entrar em um fluxo, aqui estão as ferramentas que deve ter à disposição:

- *Leitor de RSS.* Prefiro o Google Reader a qualquer outro por causa de várias características, incluindo a capacidade de rolagem rápida pelas informações na visualização de listas, suas capacidades de busca, suas capacidades de compartilhamento (faça seus amigos trabalharem para você) e todas as outras opções. Iniciar seu hábito de blogar tendo um bom hábito de consumir blogs é a única maneira de decolar.
- *Picnik.*[131] Se você precisa editar fotos gratuitamente, de modo fácil e com base na rede para tornar fotos interessantes, dê uma olhada no Picnik. Acho essa ferramenta muito útil para refinar minhas fotos. Se você usá-lo para editar fotos alheias, certifique-se de verificar as permissões para ver se você *pode* editar essas imagens.
- *Skitch.*[132] O Skitch é uma ferramenta de captura de tela para o Mac que é muito útil e tem todo tipo de brinquedinhos embutidos.
- *Busca do Twitter.* Tem sempre alguma coisa interessante para encontrar na busca do Twitter.

---

131. www.picnik.com

132. http://skitch.com

- *Alltop.*[133] Obtenho um monte de ideias navegando as categorias no Alltop, um porta-revistas on-line, de fontes que não estão na minha própria vertical. Consigo fertilizar as sementes de meus pensamentos dessa maneira.
- *Calendar.* Aqui está um. Se você usar um calendário (o Google Calendar, por exemplo), pode fazer um novo calendário para mostrar sobre o que escreveu e sobre o que planeja escrever. Isso se chama um *calendário editorial*, e ajuda a gerenciar sua escrita. Assim, se você pretende fazer duas entrevistas em um mês e cinco resenhas de produtos, e também verificar algum projeto semanalmente, pode acompanhar tudo isso em um calendário.
- *Notepad ou editor de texto.* Escrevo meus posts em um arquivo de texto simples para que eu nunca perca um post devido a uma má conexão da internet. Ademais, se tenho alguns momentos (por exemplo, se estou em uma chamada de conferência horrível), posso fazer anotações – e ocasionalmente escrever posts inteiros enquanto estou off-line. Faço muito isso em aeroportos, livrarias e outros lugares onde não tenho acesso à internet.

A rodada de bônus

Creio que, sob alguns aspectos, eu deveria ter começado por aqui. Primeiro, se você não lê o Copyblogger,[134] está perdendo alguns dos melhores conselhos sobre o que escrever e como escrevê-lo. Brian Clark e equipe (ele tem muitos escritores convidados!) mantêm uma boa frequência no fornecimento de ideias e inspiração para escrever. Agora, vamos falar de mais algumas ideias que farão você avançar com seu material para o blog:

---

133. www.alltop.com

134. http://copyblogger.com

- *Vá à banca de jornais.* Existem mais manchetes e modos interessantes de dizer coisas bem ali na sua cara, no caixa, do que você conseguiria pensar sozinho. (Adoro essa dica do Copyblogger.)
- *Veja o que ganha a primeira página do* Digg.com *(ou outro lugar frequentado por sua indústria).* Aprender pela emulação é uma habilidade importante para blogar. Não se torne um clone, mas se pinçar alguns truques de escritores que você admira, tanto melhor.
- *Não se esqueça das outras mídias.* Quando usar o YouTube, o Slide-Share e outros lugares cheios de conteúdo gratuito e interessante, não se esqueça de dar às pessoas uma amostra de vídeo e áudio para acompanhar seus posts de texto e fotos. Na verdade, esteja disposto a misturar tudo com frequência, ou com base em uma agenda, para que as pessoas percebam como você pode mantê-las informadas e entretidas.
- *Agende os posts.* De todos, este é o meu conselho favorito. Se puder, redija mais do que um post de uma vez. Pegue o segundo post, especialmente se não é uma informação com tempo específico, e o agende para o dia seguinte. Se fizer isso repetidamente, você pode ter um suprimento de posts e nunca falhar um dia sequer (ou qualquer que seja sua agenda) devido a algum imprevisto. Nota: você pode rearranjar as coisas caso esteja em outro lugar, ou colocar notícias de última hora, ou algo parecido. Você não deve se sentir pressionado por isso, mas libertado, por todos os conflitos inesperados que isso o ajudará a evitar.

Faça o que for preciso fazer para sentir-se confortável com o início do hábito de blogar. Esperamos que isso lhe dê energia para seguir em frente.

28

Se você quer blogar para valer

Blogs não são mídias tradicionais, e blogueiros não são jornalistas. A menos que sejam. Mas não é uma exigência. Um blog é software. É uma coisa que alguém coloca na Web para captar e disseminar informação do tipo que quiser, e, por conseguinte, se alguém lhe disser que você está fazendo errado, é besteira. Não existem muitas maneiras erradas de fazê-lo (exceto pelas coisas ilegais, como roubar dos outros). Mesmo assim...

Se você vai blogar para valer, tenha em mente o seguinte:

- Considere os objetivos e o valor de seus posts. Você está acrescentando algo ao corpo de seu trabalho? Está blogando para educar, informar ou para entregar valor?
- Os fatos importam, sim. Se você está expressando opiniões, deixe claro que são opiniões. Se está afirmando um fato, tente citar fontes. (Tenho tendência a expressar opiniões.)
- Lembre-se de que a difamação ainda é uma questão de potencial jurídico.
- Você sempre pode fazer perguntas antes de blogar (uma ideia original, eu sei).
- A brevidade importa. Sei que sempre blogo sobre isso. Vejo inúmeros posts onde é preciso avançar penosamente para decifrar os pontos salientes (comumente os meus).
- Revelar é essencial. Se você está fazendo algo para ganhar dinheiro, se tem um relacionamento negocial com uma organização sobre

a qual está escrevendo, se existe qualquer coisa que possa mudar a maneira como algo é percebido, é melhor revelar.

- Forneça os links sempre que mencionar outros sites ou informações que possuem links. É educado. É a maneira como a Web funciona. São mais recursos. Guardar os links só para você é bem revelador (e o que revela não é nada lisonjeiro).
- Revise o corpo de seu trabalho a cada 10 posts, aproximadamente. Você está melhorando?
- Revise o corpo de seu trabalho a cada 30 posts, aproximadamente, comparando-o com os mais recentes. Você está se repetindo?
- Revise o corpo de seu trabalho comparando-o com outros blogs em seu espaço. Você é um eco?
- Pergunte-se *por que* está postando o que está postando. Finja que é o leitor. Vale o tempo dele/dela?
- O que mais você poderia estar fazendo com o seu blog para agregar valor ao núcleo de sua comunidade?

Existem muitas razões para blogar: para captar seus pensamentos, para compartilhar momentos, para construir relacionamentos, para estabelecer liderança de pensamento, para vender escovas de dente elétricas, o que for. Nenhuma delas está especialmente errada. Mas se você vai blogar com a perspectiva de que é um profissional, faça o melhor. Sua audiência merece.

29

A performance e sua audiência: dicas para blogar

Performance. Quando você bloga, cria um podcast ou grava um vídeo, é uma oportunidade para uma performance, uma apresentação, um pacote de informações distinto e destilado. É sua oportunidade de se conectar com sua audiência e entregar algo de valor. É uma obrigação e um pacto.

Tudo bem usar essas ferramentas para conversar, mas pense em sua audiência. Pense no pouco tempo que eles têm em um dia. Pense nos lugares onde eles passarão seu tempo.

Seja breve

Pode falar mais depressa? Faça isso.

Invoque a autoconsciência

Você pode contar uma história? A história ajudará sua audiência a pensar sobre si mesma? Suas palavras despertarão suas mentes?

Esteja preparado

Não é pressão escrever bons posts. Não é difícil inventar tópicos para o seu podcast. É sua escolha, como produtor de bom conteúdo.

Pense adiante. Mantenha um bloco de anotações e anote as ideias para usar depois, quando estiver sem nenhuma. Grave alguns pedacinhos "perenes" extras para utilizar em momentos que possa precisar.

Seja respeitoso

Sua audiência é brilhante. Você, às vezes, sabe de algo que eles não sabem. Mas trate-os como sendo brilhantes e peritos, como se você estivesse somente compartilhando a informação, caso eles queiram refrescar a memória. Você não é um deus. Você é um comunicador.

Converse (mas seja sucinto)

Converse como se estivesse se dirigindo a humanos. Escrevo como se você e eu estivéssemos conversando. Mas tento ser sucinto. Não fico aflito. Pratico postando uma ou duas vezes por dia. Você pode fazer o mesmo.

Performance

Você está em um palco. Está criando histórias. Não importa como você encara o ato de blogar e criar podcasts, pois é isso que você está fazendo. Quando você preparar a próxima apresentação de PowerPoint para uma reunião, pense sobre isso também. É a mesma coisa, fatiada de modo diferente. Não há motivo para tratá-la de modo diferente.

Que conselhos e dicas você daria? Como você trata sua audiência? Quando funcionou melhor para você?

30

Algumas dicas para afinar seu blog

Blogar pode ser algo que se faz por motivos pessoais, e se este é o seu caso, sinta-se livre para desconsiderar tudo o que estou prestes a dividir com você. Se, no entanto, você tem esperança de que a mensagem de seu blog tenha algum impacto sobre a comunidade que importa para você, aqui estão algumas ideias para afinar seu blog.

Algumas dessas informações são técnicas por natureza. Não as descarte por causa disso. Tome notas das partes que deseja seguir e, depois, se não conseguir fazer sozinho, coloque um pequeno anúncio na Craigslist para que alguém ajuste o seu blog. O custo desse trabalho não deve ser maior do que cem dólares.

Dicas básicas

Com milhões e milhões de blogs para ler, nossa atenção agregada é quebrada pelas atrações concorrentes. Como blogueiro, você precisa atrair a atenção de sua audiência logo, dar-lhe valor, dar-lhe extras e deixá-la livre com um meio de contatá-lo, caso queira. Aqui vão algumas dicas e ideias para isso:

- *Capriche nos títulos.* O Copyblogger sempre tem boas ideias para títulos.[135] Um título que atrai a atenção de alguém que é compa-

---

135. www.copyblogger.com/clever-vs-descriptive-headlines-which-works-better/

tível com o Google ou que descreve coisas claramente terá uma longa carreira atraindo pessoas para o seu trabalho. (A propósito, isso é técnico, mas coloque seus títulos em seus posts para mostrar as palavras do post, não um número de página ou outra informação qualquer. Ajuda o Google e isso ajuda você.)

- *Divida seus parágrafos.* Se alguém vê um texto muito grande, terá menos propensão a lê-lo em sua totalidade. Tente quebrar o visual compacto usando subtítulos, imagens e outros truques.
- *Tenha uma página "sobre".* Garanta que as pessoas saibam *quem* escreve o blog. Blogar é um meio que ajuda a construir relacionamentos, e o relacionamento entre um escritor e seus leitores pode ser muito pessoal.
- *A brevidade é sua amiga.* Corte palavras e sentenças desnecessárias de seu trabalho. Quanto mais concisos e úteis forem seus posts, mais retorno de tráfego você poderá esperar.
- *Responda os comentários com frequência.* Com a maior frequência que conseguir, concentre-se na seção de comentários e responda-os. Recebi esse conselho de Brian Person,[136] e quando o sigo, meu blog deslancha. Quando não tenho a oportunidade de responder os comentários, os posts desaparecem mais depressa.
- *Use o FeedBurner para RSS.* Na verdade, use várias ferramentas para estender o alcance de seu blog. Mas o FeedBurner, em particular, acrescenta uma variedade de coisas valiosas para um feed de RSS padrão. Você pode acrescentar uma caixa "assine por e-mail" ao seu blog. Você pode republicar seu feed em outros formatos. Você pode estendê-lo de *várias* e ótimas maneiras.

---

136. http://bryper.com

Algumas partes minuciosas

Adiante, estão minhas opiniões e queixas pessoais e, de todos os meus conselhos sobre blogar, considero-as minhas visões mais pessoais, que você não precisa seguir se não quiser.

Não gosto de muitas traquitanas, botões ou acréscimos na barra lateral de um blog. Isso só prejudica o design e confunde o "chamado à ação" do blog.

Mais coisas a considerar

Aqui vai uma breve lista de coisas a considerar sobre o ecossistema do blog como um todo. Também há opiniões pessoais, mas afirmo que já vi muitos resultados bons na minha vida que tiveram origem nestes esforços.

- Leia muitas coisas boas (ouça e assista a muitos blogs de vídeo e podcasts). Coisas boas *entrando* significam bons pensamentos *saindo*.
- Forneça os links de ótimos posts em outros lugares, mas tente acrescentar algo à conversa. As pessoas respondem melhor se você contribui para a ideia original de alguém do que quando só indica uma pilha de links.
- Sempre que puder, compartilhe recursos que você descobriu, sejam pessoas ótimas ou ótimas informações. Pense em usar uma ferramenta de bookmarking social como o Del.icio.us, o Clipmarks ou um blog no Tumble.
- Comente com frequência os blogs de outras pessoas. Faça parte da conversa, não fique só jogando posts para o mundo.

- Pense em construir uma lista de blogs de que você gosta. (Eu tinha uma página da Rockstars para esse fim.) Ou pelo menos pense em um widget para seus itens compartilhados do Google Reader.
- Não se sinta como se tivesse que blogar diariamente. Em vez disso, blogue quando tiver uma boa ideia que valha a pena compartilhar.

Algumas ferramentas de análise

Como você vai saber o que quer consertar se não sabe como seu blog está sendo usado e visto? O gráfico destacado que você vê no alto da página vem de um serviço chamado CrazyEgg.[137] (Tiro o chapéu para o Cory, do Strike 3 Designs, por compartilhar isso comigo.) Acrescentando somente um simples código ao seu blog, o CrazyEgg pode dizer quem está clicando onde dentro do seu site. É uma ferramenta muito interessante, com muitos métodos de visualização embutidos. Você pode usar uma versão gratuita para começar, e depois registrar-se no modelo de assinatura do CrazyEgg, que não é tão caro se você tem necessidades mais sérias em mente.

Se você deseja ir um pouco mais a fundo na verificação de quem está fazendo o que em seu site, também recomendo usar o Google Analytics,[138] que lhe dará detalhes granulares sobre quem está vindo de onde, o que as pessoas estão fazendo e muito mais. Outras boas informações estatísticas são fornecidas pelo FeedBurner e lugares similares, se você usá-las para suas assinaturas de RSS, e usar ferramentas como

137. http://crazyegg.com

138. http://Analytics.Google.com

o Website Grader,[139] que me dão toneladas de informações sobre como melhorar meu blog tecnicamente.

Alguma esperança de que você blogue de coração

Mesmo se você não for um blogueiro profissional procurando ganhar a vida com seu blog, pense no fato de blogar sob o ponto de vista de suas observações apaixonadas. Muita gente pode relatar fatos, e muita gente cobre áreas de interesse diferentes com blogs. Mas encontrar gente que está realmente criando conteúdo original e interessante é coisa rara.

Para cada dez especialistas, deve haver um pensador original.

Se puder, contribua com novos pensamentos, ângulos diferentes, e acrescente ideias à mistura. Pegue algo que você leu, ouviu ou viu, dê duas perspectivas diferentes e junte-as em um novo pensamento. Compartilhe algo de sua vida. Compartilhe o que importa mais para você, misturado com como isso pode ser útil e interessante para outros. Expresse ideias malucas. Expresse ideias que você sente de fato. Faça coisas que vêm da alma e do coração, e o resultado irá aparecer. Um grande exemplo disse é o blog de Jon Swanson.[140]

---

139. http://Website Grader.com

140. http://levite.wordpress.com

31

Como criar negócios a partir de um blog

Em primeiro lugar, devemos concordar que existem muitas maneiras de criar um negócio a partir de um blog. Cobrirei um punhado delas, para começar. Você é mais do que bem-vindo se quiser compartilhar mais conselhos e ideias na seção de comentários de meu site, no http://chrisbrogan.com/comments-from-101.

Vendas diretas

Os blogs são um tipo incrível de software para se usar como base para projetos de vários tipos de sites. Por exemplo, Chris Pearson[141] usou um blog da WordPress para construir seu site, o DIYthemes.[142] Lá, ele vende um lindo tema chamado Thesis.[143] Essa é uma forma de criar negócios a partir de um blog: uma simples plataforma de vendas.

Marketing de afiliação

Outra maneira é através do marketing de afiliação. Por exemplo, volte lá e passe o mouse sobre as URL dos dois links do último pro-

---

141. http://pearsonified.com

142. http://diythemes.com

143. http://diythemes.com/?a_aid=t4ag3

jeto de Chris. Você deve estar vendo isso: http://diythemes.com?a_aid=t4ag3. Essa parte depois do "?" é um código de *afiliação*. Alguns sites não divulgam que estão fazendo marketing de afiliação. Outros tornam essa divulgação muito vital. Agora que você sabe o que procurar, pode checar outros blogs que você lê e ver se eles estão embutindo um tag de afiliação aqui e ali. (No meu caso, abro totalmente esses relacionamentos na página "sobre" do meu blog – veja em http://chrisbrogan.com/about.)

Quer saber mais sobre marketing de afiliação? Andei lendo o ReveNews,[144] um blog sobre o espaço, e frequento o Affiliate Summit[145] para aprender mais com os líderes do jogo.

Geração de leads

Blogs são uma ótima maneira de estabelecer a liderança de pensamento e estimular a geração de leads. Por exemplo, boa parte do meu blog trata de compartilhar com o mundo o que sei sobre as mídias sociais e como isso pode ser aplicado ao seu negócio. Meu objetivo primordial é compartilhar o máximo de informação possível para que você possa utilizá-la e resolva a maior parte das coisas sozinho.

Meu objetivo secundário é estimulá-lo a contatar-me, se tiver necessidades profissionais. Trabalho com a CrossTech Partners para me ajudar a realizar projetos maiores (construir plataformas para gerenciar relacionamentos de mercado etc.). Esse blog comumente inicia conversas com gente que precisa de ajuda para o próximo passo. E isso é ótimo. É um outro valor, outra maneira de criar negócios a partir de um blog.

144. www.revenews.com

145. www.affiliatesummit.com

Uma grande pessoa que doa de modo abundante em seu blog é Liz Strauss.[146] Ela obtém um certo número de leads a partir de seus atenciosos e significativos esforços também.

Marketing de conteúdo

Brian Clark[147] vem louvando o valor do marketing de conteúdo desde 2006. Esse foi basicamente o modo como o Financial Aid Podcast[148] rendeu milhões para a Student Loan Network, de Christopher S. Penn.[149] Não há nada escuso. Chris cria ótimos podcasts e posts para blogs e usa a confiança adquirida através do compartilhamento de informações e da ajuda a outros como uma maneira de alavancar as vendas de seu produto principal: empréstimos estudantis. Ele é o único sujeito desse ramo que eu conheço que teve seu perfil publicado na *BusinessWeek*, no *Wall Street Journal* e em vários veículos da imprensa.

Veja também Gary Vaynerchuk,[150] o único vendedor de vinhos que conheço que tem um agente em Hollywood. Ele é *muito* chique.

Marketing de conteúdo significa, basicamente, fornecer conteúdo útil e interessante com o objetivo de que esse trabalho leve a uma venda. Para mim, é a "coisa quente" do momento. Se eu estivesse procurando criar mais algum negócio, e talvez eu faça isso, misturaria marketing de conteúdo com os meus próprios produtos, e talvez algumas seletas oportunidades de afiliação, e começaria por aí.

---

146. http://successful-blog.com

147. http://copyblogger.com

148. http://financialaidpodcast.com

149. http://studentloannetwork.com

150. http://tv.winelibrary.com

A propósito, o marketing de conteúdo tem o benefício agregado de ajudar você com a otimização do motor de busca orgânica, o que significa que ele auxilia as pessoas a encontrar com mais facilidade as coisas que estão procurando.

Outras oportunidades

Existem muitas outras maneiras de ganhar dinheiro a partir de um blog. Definitivamente, não sou a pessoa adequada para falar sobre marketing de busca, por exemplo, mas um artigo de Paul J. Bruemmer[151] fornece um ponto de vista inicial bastante útil. Também existem projetos como o IZEA, de Ted Murphy, que cobre o pay-per-post e o Social Spark.[152] Não sou versado o suficiente para falar sobre nenhum deles, mas você pode dar uma passada no blog IZEA.[153]

A Web é um lugar interessante para ganhar dinheiro hoje em dia, e existem muitas maneiras de tentar a sorte. Esteja aberto para o que fizer. Seja atencioso. Ofereça valor. E talvez alguma coisa apareça para você.

Atualização: aqui está um plug para o livro de Darren Rowse[154] e Chris Garrett[155] chamado *ProBlogger: Secrets for Blogging Your Way to a Six-Figure Income.*

151. http://searchengineland.com/080702-071343.php
152. http://socialspark.com
153. http://community.izea.com/blog/
154. http://problogger.net
155. http://chrisg.com

Suas ideias

Se você tem outras boas ideias para criar negócios a partir de um blog, vamos conversar sobre elas na seção de comentários, em http://chrisbrogan.com/comments-from-101. Alguns serão promovidos para o post principal através de updates, então, por favor, preencha seu URL quando comentar, para que eu possa dar-lhe o crédito se eu o usar no post.

O que você acha?

32

Cinquenta tópicos de blogs que os marqueteiros poderiam escrever

Você deu início a um blog empresarial. O que vem a seguir? Ninguém lhe forneceu tópicos para o blog e nem uma programação editorial, sugerindo qual postar primeiro. Bom, estou aqui para ajudar. Como parte de meu desejo de vê-lo aprender sobre essas ferramentas de mídias sociais para que possa usá-las e mudar o futuro de seu negócio, aqui estão 50 tópicos de blogs que os marqueteiros poderiam escrever para suas empresas. (Sinta-se à vontade para repostá-los, mas, por favor, linke-os com www.chrisbrogan.com.) Ah, e se algumas dessas ferramentas não se adequarem corretamente, pense de modo criativo sobre como poderia adaptá-las.

Cinquenta tópicos de blogs para marqueteiros

1. Como obter o máximo do nosso departamento de atendimento ao cliente.
2. A maneira ideal de recomendar uma melhoria para nosso produto ou serviço.
3. Podcast – instruções completas de instalação em áudio e vídeo.
4. O que você gostaria de ver no catálogo do ano que vem?
5. Nossos projetos favoritos nos próximos meses.
6. Alguns truques que podem ajudá-lo a não recorrer ao suporte.
7. Cupons e ofertas para as próximas duas semanas.
8. Queremos conversar. Como deveríamos contatá-lo? Onde?

9. Escolha o preço de nosso produto.
10. Cinco dicas para obter mais de...
11. Um pouco sobre nós.
12. Uma caminhada em nosso bairro.
13. Fotos da reunião de nossa comunidade.
14. O que entra em nosso processo de decisão.
15. Vídeo – um giro pela fábrica, um dia na vida de seu produto.
16. Como é trabalhar para nossa empresa.
17. Apoiamos estas causas, e eis a razão.
18. Os próximos dois anos: como cresceremos com você.
19. Queremos trabalhar com você (e saber como podemos ajudar)!
20. Devolvendo à comunidade: nosso plano.
21. Com o que nos preocuparemos no ano que vem.
22. Como lidamos com nossos litígios ou reclamações.
23. Posso recomendar um processo melhor para isso?
24. Às vezes, temos que dizer não.
25. Seu telefonema é importante para nós. Vamos dizer-lhe *o quanto*.
26. Desculpem-nos, e eis como agiremos da próxima vez.
27. Relatório do comitê independente de revisão de nossa comunidade.
28. Como encerrar sua conta conosco. (Imagine como isso é arriscado!)
29. A economia está fazendo os custos aumentarem, e temos que dividir este fardo.
30. Compreendendo o que deu errado.
31. Anúncio dos aniversários de agosto. (Imagine listar os nomes de seus clientes em um calendário de aniversário.)
32. Catorze maneiras de customizar seu....
33. Por que gostamos mais do produto de nosso concorrente, e como vamos nos igualar.
34. Perfil do consumidor – Sedah D'Abdul.

35. Nosso quarto prêmio anual *você*.
36. O que achamos ser único sobre nós. Você concorda?
37. Comunidades em seu bairro, e várias na Web.
38. Seus posts de blog: Javier Mendoza sugere maneiras de melhorarmos.
39. Empresas a considerar quando você ficar grande demais para nós.
40. Por que acreditamos que a participação compensa.
41. Conheça nossos representantes favoritos de atendimento ao cliente para o mês de setembro.
42. Vendedores que servem a nós para que possamos ajudar você.
43. Nosso plano global – Vietnã, Itália e nosso quintal.
44. O que buscamos em nossas lideranças.
45. Vídeo – nossos novos escritórios menores no centro da cidade.
46. Verde é a nossa nova cor favorita – poupe energia e dinheiro com seu...
47. Como a responsabilidade corporativa economizou 3 milhões de dólares no ano passado.
48. Crescendo, mas ainda se divertindo.
49. Seu evento por nossa conta.
50. Cinco promessas que cumprimos nos últimos anos.

Diga-me: tem algumas partes que são esquisitas? Você pode ver como os clientes reagiriam ao ler? Escrevi quase cada uma delas pensando no cliente como o leitor. Como você as mudaria se o seu leitor fosse alguma outra pessoa em sua lista de interessados? O que você acrescentaria ou excluiria?

33

Aumentando o seu público: alguns princípios básicos

Meu amigo e ex-parceiro de trabalho Mike Desjardins[156] me perguntou como as pessoas fazem para aumentar a audiência de seus blogs. É uma ótima pergunta. Encontro um monte de pessoas que mantêm blogs maravilhosos,[157] blogs que merecem muito mais atenção do que a que recebem. O que acontece? O que você pode fazer para aumentar seu público? Se você quer aumentar o seu público, primeiro precisa saber por quem ele é formado, depois dar-lhes nacos de conteúdo fáceis de consumir, promover seu trabalho de modo eficiente e ser persistente.

Vamos começar com o público

Antes de tudo, para quem você está escrevendo este blog? Se a resposta é "para mim" e você tem mais de um assinante RSS, parabéns. Você conseguiu. Se a resposta é "para quem curte..." (por exemplo, para quem curte tecnologia) e você tem mais de dez assinantes, parabéns. Tenha clareza sobre quem quer atingir. Se vou me dar ao trabalho de dedicar-lhe um pouco do meu tempo, quero algo em troca.

Vamos tomar o exemplo do Six Pixels of Separation, de Mitch Joel.[158] Esse é um blog de primeira, com conteúdo escrito de modo claro, que

156. http://mikedesjardins.us/

157. http://conversationagent.com

158. www.twistimage.com/blog

fala com pessoas que procuram uma melhor compreensão do futuro da influência digital. Trabalho brilhante, redigido com consideração e criado de uma maneira que me fez pensar em como isso me impacta. Perfeito. Na mosca.

Outros grandes exemplos de blogs muito focados que definem bem seu público-alvo:

- Problogger.net
- WebWorkerDaily.com
- Copyblogger.com
- 300WordsADay.com (Esse é um blog religioso feito pelo meu amigo Jon Swanson. O fato de eu não ser muito religioso já revela que adoro como ele é escrito e seus métodos de envolvimento, independentemente do tema. Que ele me faça pensar em religião é um bônus.)

Tecnicamente, eu poderia ficar fornecendo links a noite toda, mas a questão é justamente essa. Repare como o conteúdo é focado em um público específico. Leia alguns posts, avançando e voltando. Com poucas exceções, você pode dizer precisamente qual é o público.

Quer encontrar outros blogs mais decentes? Dê uma olhada no alltop.com. É o porta-revistas da internet.

Seu conteúdo precisa ser bem distribuído

Em primeiro lugar, os jornalistas sabem disso, mas vou dizer a vocês: comecem com a parte melhor, bem lá em cima. Não façam suspense. Em segundo lugar, façam de um jeito que as pessoas possam ler aos pedaços. Verifiquem no meu blog, http://chrisbrogan.com. Tenho títulos que dividem o post. Tenho marcadores que dividem o post. Começo com uma imagem.

Divida as coisas para que o olho humano possa ler com mais facilidade. Posts densos e superlongos são chatos. Ah, e tem mais uma coisa. Brevidade. Ela impera. Passe isso adiante.

Promova seu blog de modo eficaz

Em primeiro lugar, assegure-se de que o link para as pessoas assinarem o feed de RSS para o seu blog esteja exibido de modo proeminente. Quanto maior e mais atrativo, melhor. Além disso, acrescente uma opção de assinatura por e-mail para o seu blog. Prefiro usar o FeedBurner para controlar tudo isso. Quando acrescentei um botão muito explícito dizendo "Envie este blog para o seu e-mail", minhas assinaturas deram um pulo.

Em segundo lugar, assegure-se de que o URL de seu blog esteja carregado em todas as redes sociais às quais você pertence. Acrescente-o no MySpace, Facebook, Twitter, LinkedIn, Plaxo, Flickr e em qualquer outro lugar em que ele possa ser visto. Não esqueça de submetê-lo a diretórios como o Yahoo! e o Google. Publique esse URL onde as pessoas possam encontrá-lo. Já tive muitos momentos interessantes porque alguém encontrou meu blog através do Facebook ou do LinkeIn.

Em terceiro, acrescente-o à sua assinatura de e-mail e seus cartões de visita. Se a sua empresa não lhe dá cartões de visita, vá ao Overnight Prints,[159] Vista Print[160] ou o Moo[161] e compre alguns. Por cerca de trinta dólares, eles ajudam as pessoas a encontrarem você (e o seu blog!).

---

159. http://OvernightPrints.com

160. http://VistaPrint.com

161. http://Moo.com

Em serviços como o Twitter, promova seus posts de blog de vez em quando. Não *todos* os posts, mas os que você sente que fez bem. Nunca uso links de postagem automática no Twitter. Eles não parecem render conversas interessantes. Em vez disso, tente usar um tom de conversa. Por exemplo, quando termino de postar, envio ao Twitter uma mensagem mais ou menos assim: "Compartilhei meus pensamentos sobre como aumentar sua audiência. Que ideias *você* tem?". Depois, forneço o link do meu post. Você não precisa seguir, mas saberá exatamente por que pedi sua atenção.

Um breve lembrete: não fale sempre de seu blog. Não seja "aquela pessoa".

Seja persistente

Eu poderia também dizer "seja consistente", mas, nesse caso, quero que você persista não somente para publicar seu conteúdo, mas também para melhorá-lo. *Todos nós* podemos fazer melhor. Eu bem que poderia focar em minhas pautas. Você pode estar precisando reduzir sua contagem de palavras. *Sempre* há espaço para melhorar o nosso trabalho.

Além de fazer isso, tente outras coisas novas. Amplie os limites do meio. Pense em novas maneiras de fazer as mesmas velhas perguntas. Decida blogar com abordagens desafiadoras de maneiras que revelem a informação que seu público busca de forma enérgica. Persista nessas ideias, nunca achando que seu trabalho é perfeito, e sim analisando suas respostas e o aumento ou diminuição do tráfego, esforçando-se mais de acordo com isso.

E agora, a rodada de bônus

Outra maneira com a qual aumentei o tráfego de meu blog é um princípio básico: faça comentários sobre blogs ótimos. Escreva e submeta posts de convidados aos melhores blogs de um espaço parecido com o seu (mas tenha cuidado com o modo como faz com os posts de convidados).[162] Acrescente links ocasionais aos seus posts em lugares como o Flickr. Bole concursos. Participe dos eventos de outras pessoas. Encontre grupos de blogueiros de que você gosta e veja se você se encaixa no círculo de amigos deles. Escreva uma série para que as pessoas queiram participar e voltem querendo mais. Torne o seu URL memorável.

E além de tudo isso? Seja o mais humano possível – nos sentidos mais interessantes dessa ideia. Faz sentido?

162. www.problogger.net/archives/2008/06/06/when-guest-posts-become-too--self-centered/

34

Seja eficiente nas reuniões e use as ferramentas das mídias sociais

Joshua Cohen me pediu para discorrer sobre a minha abordagem para conduzir reuniões de modo eficaz. Josh e seu sócio, Jamison Tilsner, dirigem o Tilzy.TV,[163] uma start-up de TV pela internet. Soube logo de cara que poderia dar alguns conselhos eficazes que incluiriam exemplos de como usar as ferramentas das mídias sociais e da internet de maneira eficiente ao mesmo tempo.

Três tipos de reuniões

Primeiro, perceba que na maior parte das empresas existem essencialmente três tipos de reuniões:

1. Reuniões informativas
2. Reuniões de avaliação
3. Reuniões de brainstorm

Essas estão classificadas em ordem de duração que deveriam ter e/ou quão interativas deveriam ser.

Reunião informativa

Uma reunião *informativa*, que deveria ser super-rápida, é reservada a comunicados que você quer fazer pessoalmente à sua equipe. Você

---

163. http://Tilzy.TV

pode usá-la para anunciar um financiamento, a aquisição de um novo funcionário importante (e, num start-up, *todo* funcionário é importante), ou para anunciar uma grande guinada de direcionamento. Somente uma pessoa deveria falar (duas, no máximo) e não requer muito das mídias sociais, exceto que você pense em gravar o comunicado em vídeo (seja para uso futuro para documentar a história da empresa ou como um possível press release no YouTube).

Reunião de avaliação

Uma reunião de *avaliação*, que deveria ser razoavelmente breve, é uma oportunidade para todas as equipes serem ouvidas. No entanto, não é para se discutir. Em vez disso, o gerente do projeto, que convocou a reunião (e, numa *start-up*, muita gente desempenha o papel de gerente de projeto), deveria ter circulado antes da reunião para ouvir opiniões e obter uma avaliação. Faça com que todos se expressem e ouça tudo o que têm a dizer *fora* da reunião.

Depois, na reunião, a pessoa que recolheu os relatórios de avaliação meramente anuncia que ele ou ela irá resumir a avaliação da situação corrente. Essa pessoa dá uma mensagem muito breve de status, dizendo o nome da pessoa ou do departamento em questão, e segue para a próxima pessoa. Não é hora de discutir. Se alguém quiser abrir uma discussão, o moderador deveria interromper educadamente, mas o mais depressa possível, e sugerir conversar só com aquela pessoa depois da reunião, mas a primeira e principal parte da reunião é consolidar um status.

Entre as ferramentas das mídias sociais e da internet úteis para reuniões estão os wikis, para fazer anotações, ou talvez um blog interno fosse mais indicado para essa tarefa. (O que *você* acha?) Você pode usar uma ferramenta como o Utterli para gravar a reunião de avaliação, e os membros da equipe podem ouvir a avaliação diretamente depois do fato.

Reunião de brainstorming

Uma reunião de *brainstorming* é provavelmente a mais aberta e menos simples de conduzir. Nessas reuniões, você está pedindo que as pessoas discutam futuros com final aberto. Isso deveria ser claramente anunciado no começo da reunião (e também na convocação), para que as pessoas saibam que será uma conversa, e não uma reunião rápida.

Algumas coisas para fazer uma reunião como essa correr melhor: estabeleça os objetivos e limites para que as pessoas saibam o que estão buscando. Quando as discussões se tornarem muito tangenciais, traga as pessoas de volta aos objetivos e limites. Outra dica: peça a uma pessoa fora do fluxo de brainstorm para cuidar do horário e também dê-lhe uma noção dos objetivos, para que ele ou ela possa guiar as pessoas de volta às metas em questão.

Uma ferramenta das mídias sociais útil em sessões de brainstorm é a ferramenta para mapeamento da mente, a MindMeister,[164] que capta ideias com forma livre de uma maneira visual que pode ser compartilhada através de uma série de métodos. Outra ferramenta que você poderia usar para o brainstorming: um tumbleblog compartilhado no Tumblr, onde as pessoas podem inserir vários pedaços de informação para compartilhar sua visão de um projeto. Precisa de recursos visuais? Não se esqueça do Flickr para encontrar fotos de uso interno para a discussão (atente para a sua licença na Creative Commons).

---

164. www.mindmeister.com

Dicas para todas as reuniões

O propósito de reuniões é envolver mais do que uma pessoa no alinhamento da informação. Em alguns casos, isso significa pedir informações. Em muitos casos, significa distribuir status. Aqui estão algumas dicas para todos os tipos de reuniões que você convocar:

- A brevidade é sua aliada. Reuniões com mais de meia hora são ruins.
- Comece na hora. Termine na hora. As reuniões que esperam quem está atrasado estimulam o atraso em reuniões posteriores.
- O chefe não é o chefe da reunião. Se a reunião é sua, seja educado, mas firme.
- Anotações copiosas não são uma virtude. Compreender as próximas ações é uma virtude.
- Toda ideia precisa de um dono. Se você menciona o que virá a seguir, a próxima coisa que deve fazer é encontrar o seu dono, e quando, aproximadamente, essa pessoa vai cumprir a tarefa.
- Algumas reuniões são somente mensagens de e-mail bem escritas e um plano de projeto atualizado, o que significa que *não* é necessária uma reunião. Corte onde puder. As pessoas odeiam reuniões, e aquelas que as amam normalmente têm algo errado.

35

Programando para as massas: computação social

Você está aprendendo como programar informação usando novas linguagens que ainda têm que ser escritas. Você pode não estar construindo o próximo software de planilhas eletrônicas ou o próximo navegador da internet, mas acho que o que você está construindo pode ter mais impacto do que os softwares anteriores. Ao aprendermos a navegar nas redes sociais e a criar mídia, acredito estarmos cunhando uma linguagem que executará pedidos complexos, fornecerá informações que transitarão entre bases de dados vastas e distribuídas e mudará o modo de fazer negócios no futuro.

Sementes para a conversa

Eu frequento livrarias. Às vezes, compilo listas de livros que desejo ler. Outras vezes, leio porções ou seleções completas de livros.

No começo de 2008, li *A grande mudança*, o livro de Nicholas Carr que descreve como empresas como a Amazon e o Google abriram caminho para a "computação de utilidade". A premissa básica é que a eletricidade, no século XX, deixou de ser gerada localmente para ser gerada em uma central, e que as empresas pararam de ter que compreender a geração de energia e puderam então se concentrar nos negócios. Carr afirma que empresas como a Amazon, com seu depósito S3 e computadores EC2, e o Google, com sua busca, Docs e outros aplicativos, estão nos permitindo focar em programas, e não no equipamento. Esta é a primeira semente.

Misturados com o meu pensamento também estão um par de ensaios extraídos de *Hackers and Painters*, de Paul Graham (que fala sobre grandes ideias da era da informática) e *A nova desordem digital*, de David Weinberger, sobre como estamos aprendendo a escolher e organizar a informação por métodos diferentes dos que usávamos nos séculos anteriores.

Graham tem um ensaio explicando linguagens de programação e, especialmente, como a maior parte das linguagens de programação que as pessoas estão aprendendo hoje em dia são demasiado alheias ao que os computadores precisam saber para fazer o que fazem. Essa é uma semente. Comecei a perceber que as coisas que estamos aprendendo a fazer nas redes sociais, ao fazer mídias sociais como blogs, podcasts, wikis e vídeo são, em essência, linguagens de programação.

O livro de Weinberger é a cola que faltava para a teoria. Suas ideias, que envolvem a noção de como a informação é armazenada e recuperada, se relacionam com minha visão de nossas novas "bases de dados."

O que estamos aprendendo

Se você pensar a respeito, estamos aprendendo pedacinhos de programação para essa nova informática social todos os dias. Se você sabe usar o Twitter, com os @s e as mensagens diretas, e o fluxo de conversas, você sabe uma "linguagem" rudimentar. No Facebook, você compreende como ler e interpretar o stream de notícias e sabe onde procurar dados para sintetizar informações. Ao aprender a blogar, a fazer links, a incorporar novas tecnologias, você aprende como construir interfaces de usuário, como estruturar consultas e gerar relatórios.

O que podemos fazer

Até agora, estamos aprendendo somente o básico. Ei, estamos *escrevendo* a linguagem, embora usemos nossa linguagem de informática social para nossos próprios projetos. Por exemplo, o Frozen Pea Fund[165] foi um projeto criado por várias redes sociais juntas para construir um sistema que ajudasse a financiar o estabelecimento de um fundo contra o câncer de mama. Em outros casos, estamos construindo conversas no Utterli que podem ser informais hoje, mas que constroem a si mesmas em diferentes estruturas enquanto aprendemos a usá-las.

A maioria das pessoas vê a informática social como uma ferramenta de marketing e RP, mas essas são somente suas primeiras e rudimentares aplicações. Podemos fazer muito mais com nossas habilidades nas redes sociais e com nossa habilidade de fazer, consumir, distribuir e interagir com as mídias sociais.

Aonde podemos levar tudo isso

Se aprendermos como programar nessas novas linguagens e se compreendermos como usar essas novas formas de bases de dados, podemos aprender a usar esse tipo de programação para nossas necessidades negociais e organizacionais. Observe alguém que é adepto do eBay[166] e do Craigslist fazer uma busca para encontrar o que quer comprar. Observe alguém que sabe como usar o LinkedIn para mais do que somente surfar nas histórias de negócios.

---

165. http://frozenpeafund.com

166. www.eBay.com

Estamos aí, aprendendo. E isso não é coisa de *geek*. Trata-se de entender a informação real para aplicações reais no mundo real. A compreensão desses novos sistemas de computação social está nos conduzindo a uma nova fase interessante, que logo será um lugar tão comum quanto entender como usar o cartão do banco para comprar doces.

Você consegue ver? Está me acompanhando? Ou estou indo longe demais?

36

Os criativos e sua missão secreta

Porque a cada dia em que não revelamos nosso próprio valor, permanecemos presos à nossa outra identidade. Fui eu quem twittou esse sentimento, mas acredito que ele se aplica a muitos de vocês. Vocês têm ideias, pensamentos e percepções que se elevam acima do que são solicitados a cumprir em um determinado dia.

Você pode escolher alguns caminhos: um deles é simplesmente fazer o que solicitam que você faça, ir para casa e ficar pensando por que a vida ainda não lhe presenteou com uma sacola bem cheia de dinheiro e sorte na sua porta. Outro é lutar contra o sistema a cada esquina e bater de frente com todo mundo que não "entende" e dizer que você é mais esperto do que todos eles, não importa o que pareça neste momento.

Ou você pode trabalhar na sua missão secreta. Perceber que você é diferente. Esconder isso um pouco durante as horas de trabalho fazendo mais do que é necessário sem atrair muita atenção para o fato de estar fazendo isso. Se o seu local de trabalho está maduro para uma mudança interna, desempenhe esse papel de agente com calma. Se não, depois, trabalhe no que você quiser fora daquilo que você é pago para fazer, cumprindo sua missão secreta.

A questão é que existe o que você *toma* como realidade e existe o que você *faz* da realidade. Quanto mais você trabalhar na última opção, mesmo se for sua missão secreta, mais poderá aprimorar suas habilidades, encontrar maneiras de satisfazer o que você sabe que é verdade, e avançar para coisas maiores.

Ou você pode reclamar que "ninguém entende".

Para provar que você não está louco, recomendo ler o livro *A ascensão da classe criativa... e seu papel na transformação do trabalho, do lazer, da comunidade e do cotidiano*, de Richard Florida.

37

Conselhos para as mídias de notícias tradicionais e locais

Alguém, um corajoso alguém, do noticiário local de Boston, submeteu uma pergunta a um painel com representantes do MySpace, do Facebook, do Éons, da IBM e um construtor de mundos virtuais. Ela queria saber o papel da mídia tradicional dentro desse espaço, e que caminho ela e sua organização deveriam tomar para o futuro desse meio. As respostas dos membros do painel foram as mais diversas possíveis, mas Jeff Taylor (fundador do Monster e do Éons) começou com uma resposta pensada, que se misturou com algo que alguém dissera antes (não sei se o próprio Jeff ou talvez Tom Arrix, do Facebook): que se observarmos os anúncios do Super Bowl para 2008, perceberemos que a maioria deles nos direciona para uma propriedade da Web. Tendo isso como pano de fundo, aqui vão alguns conselhos.

Seja breve no ar, aprofunde-se fora do ar

O atual campeão desse método é a NPR,[167] que posta todo o seu material que vai ao ar, incluindo as versões completas de entrevistas, em seu website para análise posterior. Se você quer conhecer melhor essas pessoas, ouvir ou assistir a pequenos trechos editados para o noticiário nem sempre é suficiente. Ter a opção de ir mais a fundo é um excelente serviço que tira proveito de todo o trabalho de qualidade que uma equipe jornalística colocou naquela experiência.

---

167. http://npr.org

Isso fornece valor agregado para pessoas interessadas em uma determinada história, mas também é mais algo engenhoso para marquetear e compreender sua base de clientes. Nós seguimos, observamos e compreendemos o comportamento das pessoas para que possamos servi-las melhor. Esse é o valor essencial.

Integre os tipos de mídias sociais locais

Os jornais e a televisão ainda estão perdendo a oportunidade de incorporar criadores de mídias independentes para um trabalho em conjunto. Eles deveriam praticar uma relação editorial e de curadoria com pessoas que podem entrar em suas próprias comunidades, revelar histórias de interesse para essas comunidades e depois trazer esse trabalho para editores e curadores que podem definir quais dessas histórias são boas para transmissão, quais seriam melhores para a Web e quais mereceriam um trabalho de reportagem mais aprofundado, com méritos para o criador original.

Integre a tecnologia comunitária em seus sites

Selecione os melhores blogs e videoblogs da área. Construa sessões de conversas comunitárias, mesmo que isso atraia críticos que venham detonar um pouco suas histórias. Gannet fez isso muito bem com o MomsLikeMe.[168] Construa salas de bate-papo para discussões simultâneas à divulgação da notícia. Existem milhares de maneiras de fortalecer a voz de sua audiência para que ela tenha valor recíproco. Aqui estão algumas somente. Você deve ter mais algumas.

---

168. http://momslikeme.com

Torne a sua mídia portátil

Pegue algumas das histórias mais profundas e faça podcasts delas. Forneça-nos códigos incorporados para a sua mídia. Faça um ponto para metadados como o tagging de usuários. Dê-nos maneiras de incorporar sua mídia a nossos sites e espalhar sua mensagem para mais fontes.

Troque as sensações para causas e fortalecimento

Damos mais valor a histórias sobre o que está acontecendo de errado no mundo. É claro que é importante saber as notícias ruins, mas por que a mídia *local* não oferece histórias sobre como ajudar? Por que não ficamos sabendo das pessoas que estão fazendo um ótimo trabalho com mais frequência? Neste momento, essas histórias têm um lugarzinho lá no final do noticiário, onde os dois ou três apresentadores dão aquele sorriso forçado.

Deem valor às histórias de valorização e levem-nas para sua cobertura mais aprofundada na Web também.

Ideias aleatórias

Mais uma coisa: precisamos ver todo mundo atrás da mesa com monitores por trás ou sentados em sofás em salas de estar de mentirinha? Será que não existem outros cenários? Não misturamos muito as coisas há mais de 50 anos. Creio que isso não é um conselho só para mídias sociais – mas, por favor.

38

As redes sociais são os bares locais

Sair uma noite para assistir ao Super Bowl no ano passado foi interessante. Passei pelo Barking Dog (um bar local), pelo Ale House (outro bar), pelo Carriage Wheel e depois entrei no Stage 2 Cinema Pub, que normalmente é um cinema, mas quando há um grande evento esportivo, transforma-se em uma grande casa para assistir ao jogo. Percebi que em nenhum dos outros lugares pelos quais passei havia alguém vendo o jogo. Eu sabia que todos aqueles lugares tinham "fregueses" e "visitantes" e uma noção do que é aceitável e do que atrai olhares de desaprovação. Parece um pouco como as redes sociais, se você olhar com mais atenção.

O que acontece nos bares

Laura "Pistachio" Fitton chamou o Twitter de aldeia.[169] Essa é uma maneira de encará-lo, pois muitas coisas diferentes acontecem lá, e sua analogia funciona bem. Escolherei outra. Escolherei comparar o Twitter ao que acontece em um bar. E compararei o Utterli, o Facebook, o Seesmic, o Yahoo! Groups e o Digg com todos os tipos de bares. Jonathan Schwartz recentemente blogou[170] sobre a intenção de Sue de revigorar suas comunidades de software. Outro bar.

---

169. http://pistachioconsulting.com

170. http://blogs.sun.com/jonathan/entry/communities_then_customers_forrester_on

Bares são lugares onde as pessoas conversam. Existem notícias. Existem fofocas. Existem negociações e vendas. Existem comunicações. Existem momentos idiotas. Existem conversas e oportunidades, acontecimentos aleatórios. Acontece que os bares são lugares onde você faz coisas. São lugares onde você conversa sobre coisas. Certo? Eles podem ser o lugar de onde vêm as sementes das ideias (boa parte do trabalho dos Pais Fundadores dos Estados Unidos germinou em bares), mas o trabalho verdadeiro acontece em outro lugar.

Os bares são necessários?

Sim! Os bares são estabelecimentos públicos e existem evidências de bares que serviram de valiosas incubadoras na história de várias nações. São lugares onde gente de todas as origens pode se reunir, embora, como é real na maior parte das situações sociais, algumas se sintam deixadas de lado ou rejeitadas em alguns bares. No geral, os bares servem como uma área em comum onde as pessoas podem se revigorar, conversar, encontrar quem pensa igual a elas ou quem pensa diferente.

Se as redes sociais são bares

Primeiro, esteja disposto a pagar uma bebida para alguém. Tome isso como uma metáfora para o compartilhamento geral. Se você é um marqueteiro, compartilhe alguma coisa de valor comigo. Se é um aspirante a blogueiro, peça para ouvir minha história primeiro. Se você é da área de vendas, faça algo para mim antes de perguntar o que vai ganhar com isso.

Segundo, preste atenção no lugar. Bares não são dirigidos pelo atendente do balcão. Eles são dirigidos pelas pessoas que vão lá com frequência suficiente para colocar o lugar em ordem, que sabem quando um estranho pode precisar de boas-vindas e que ficarão de olho no lugar enquanto você está cuidando de alguma coisa lá nos fundos. Isso significa um relacionamento de mão dupla entre o atendente/gerente e os fregueses. Como você gerencia isso faz toda a diferença do mundo.

Por fim, se você olhar por essas lentes e pensar nessas redes como bares e nas outras pessoas que estão lá como clientes do bar, uma coisa vem direto à cabeça: não é o que você faz *dentro* do bar que faz quem você é, ou muda quem você é, ou dá alguma coisa para chamar de sua; é o que você faz *fora* do bar que conta, no final das contas.

Com isso em mente, vamos falar de bares. Onde você vai beber? Onde a conversa é boa? Que discurso, boas ideias e desafios esse bar está propiciando que você possa continuar fora dele? Ou será que minha ideia tem muita espuma e pouca cerveja?

39

O Facebook e o gráfico social: quem se beneficia?

Às vezes, leva um tempo para alguma coisa pegar. O Facebook me pede vários tipos de informação sobre como conheço as pessoas que aceito como amigos, mas percebi que não ganho nada com essa troca, e que o Facebook e seus possíveis anunciantes ganham muito.

Povoar o gráfico social para o Facebook é essencialmente modelar ainda mais informação para os anunciantes absorverem em seus bancos de dados. Isso não é totalmente mau. Por exemplo, se os anunciantes olhassem para todos os amigos que eu tinha e eu notasse que somente 11 deles chegaram a clicar em um anúncio no Facebook, isso não diria alguma coisa? Se todos os meus amigos e os amigos deles (por extensão) parecem passar bastante tempo em aplicativos do Facebook, isso pode revelar o valor de construir uma aplicação em vez de comprar um anúncio mais passivo.

E quem é o dono dessas informações? Por exemplo, suponha que uma "amiga", em sua própria página, forneça um link para mim, e agora estamos ligados como "amigos" no Facebook. Posso ver as informações sobre ela, ler suas atualizações e todo o resto. Mas posso extrapolar esses dados para fora do ambiente? Eu esperaria que não. Porque uma coisa é sermos amigos de verdade, mas e se ela, maliciosamente, só quer surrupiar meus dados, acrescentá-los a alguns projetos de marketing por spam e seguir adiante?

E pergunto a *você*: quem se beneficia com as informações do Gráfico Social do Facebook? É só um pensamento que vale a pena avaliar quando estiver construindo seus planos para uma mídia social.

40

O valor das redes

Você compra uma passagem aérea e vai para uma cidade pela primeira vez. Você pega um táxi no coração da cidade e, então, percebe que está com fome e quer comer. Você abre o seu laptop e rouba o wifi, tentando encontrar um restaurante, e percebe que deixou o cabo de energia de seu laptop em casa e que vai precisar comprar outro. Você recebe uma chamada no celular de uma tia dizendo que precisa comprar uma nova câmera digital e pergunta qual ela deve comprar, porque ela está na loja neste exato momento. Você vê que chegou um novo e-mail de seu chefe dizendo que você está despedido.

Sua rede: os velhos tempos

Na era das bigornas, sua rede era sua família, seus vizinhos, seus companheiros de trabalho e algumas outras pessoas. Você vivia razoavelmente perto de boa parte dessas pessoas, e elas conheciam sua vida tão intimamente quanto o stream de notícias do Facebook. Essas pessoas conheceram você quando ainda era um garoto bobinho e sabiam que você não era muito bom em matemática, mas que dava duro. Se você precisasse de ajuda com alguma coisa, poderia pedi-la por e-mail, por telefone ou sair pedindo. Levava um tempo, mas normalmente você conseguia achar.

Sua rede: os novos tempos

Vários de seus "amigos" não o são. Eles estão mais para "amigáveis". Eles concordam em participar de sua rede. Você pode alcançar mais pessoas do que nunca. Elas estão espalhadas pelo mundo. Elas têm papéis diferentes e suas redes próprias. A soma combinada do que essas pessoas sabem, agregadamente, é exponencial. Elas podem não conhecê-lo como um primo ou uma professora da escola o conheceria, mas elas querem compartilhar com você algum nível de informação.

O que quero dizer com *rede*?

O conceito de rede significa uma conexão de coisas que formam, na soma, algo maior. Computadores em rede significam que você tem acesso a alguns recursos de via dupla para comunicar-se. As redes sociais (no sentido de software) significam que o software faz uma conectividade entre os usuários. Redes, no sentido humano, significam que escolhemos nos alinhar de alguma forma em torno de crenças, objetivos, valores ou outras coisas em comum.

A religião organizada trabalha com o poder das redes. Os sindicatos também. Assim como os governos. As empresas, em última análise, são redes, de um tipo ou de outro.

O que uma rede pode fazer?

As redes compreendem o compartilhamento de recursos. É o mesmo com os computadores, redes sociais, redes humanas e quase todos os tipos. Desse modo, se você está procurando construir uma boa rede de pessoas, compartilhar deve ser o elo em comum. As redes podem ajudar alguém a levantar dinheiro rapidamente. Elas podem dirigir muita atenção na mesma direção. Elas podem ajudar as pessoas a encontrar emprego. Elas podem eleger governos. Elas podem mudar o poder e os recursos de maneira quase imperceptível.

Não é um jogo de números... ou é?

Penso que uma parte do valor de uma rede provém de seus números.

Nas redes sociais, tenho a sorte de ter um número bem razoável de "amigos". Em parte porque tive a sorte de comparecer a muitas conferências e fui diligente o bastante para conhecer muitas pessoas. Em parte, porque publiquei um blog. Em parte, porque me esforço muito para juntar as coisas, para *formar* redes convidando pessoas para certas redes sociais, para aceitar pedidos de pessoas, para construir a estrutura digital dessas coisas.

Aqui estão alguns bocadinhos rápidos:

- Não sou, de forma alguma, um "colecionador" de amigos nas redes sociais. A esta altura, digo sim para quase todos que querem se conectar, mas não me reúno.
- Não acredito na "regra" que diz que você deve "de verdade, na vida real", conhecer alguém antes de aceitar essa pessoa como um "amigo".
- Não construo redes para vender um produto. Não sou um marqueteiro. Construo redes para ser útil e entregar valor em ambas direções.
- Creio que a chave para tudo isso é: "A união faz a força".

Dicas para construir redes de valor

Aqui está minha breve definição de valor: não quero dizer dinheiro. Quero dizer a habilidade de entregar e receber informação, ajudar e promover o desenvolvimento (de redes, informação, capacidades).

Só posso dizer-lhes o que acredito que deu mais certo comigo. Sua opinião poder ser diferente. Espero que outros acrescentem suas próprias ideias sobre a construção de redes na seção de comentários em http://chrisbrogan.com/comments-from-101.

- Seja amigável e inclusivo. Quando vou a conferências, procuro os atores mais marginais, as pessoas que não são conhecidas, mas são interessantes. Às vezes, esses encontros se transformam em conexões maravilhosas.
- Trate os "grandes nomes" como pessoas reais e, por mais estranho que pareça, eles tratarão *você* como uma pessoa real. Isso virá a calhar mais tarde, quando você puder ser útil.
- Procure ser prestativo. Sempre. Quanto mais você puder fazer pelos outros, mais a roda vai girar, caso você precise.
- Conecte. Conecte. Conecte. Ajude os outros a se encontrarem. Conecte pessoas com outras pessoas com a maior frequência humanamente possível. Isso mantém o fluxo em movimento e mostra que você gosta de compartilhar.
- *Cuidado com as sanguessugas da rede.* De vez em quando, ao tentar formar comunidades de pessoas prestativas e que gostam de compartilhar, surge alguém que precisa, precisa, precisa. Aprenda a cortar esse tipo de sua rede. Não é ser grosseiro. Não é ser elitista.
- A diversidade e a oportunidade são ótimas maneiras de construir algo mais interessante. Redes homogêneas são úteis somente em um âmbito restrito, o que significa que você deveria batalhar para encontrar muita gente boa de vários setores sociais. Nunca se sabe.
- Agradeça. Com frequência.
- Faça o máximo que puder e depois se ofereça para ajudar a conectar outros para ajudar ainda mais, se puder.

- Seja o mais oportuno possível. Ajuda tardia não vale muito.
- Nunca aceite crédito. Sempre assuma responsabilidades. Mostre o máximo de humildade que puder reunir.
- Doe com frequência e muito antes de ter que pedir algo para si mesmo.

As redes sociais e a sua rede de valor

O poder de todos esses aplicativos de software social é que eles nos dão condições de nos comunicarmos com rapidez, num formato um para muitos e dentro dos princípios de nossas redes de valor. Não deixe de usar isso para alcançar seus objetivos. Tenha a certeza de saber o tamanho e a profundidade de sua base de dados pessoal. Tenha a certeza de que seus contatos e conexões estejam bem conectados através dessas ferramentas digitais. Tente construí-las de modo que você possa responder rapidamente às necessidades das pessoas, que você possa chegar aos limites de sua rede e ajudar outros a ampliar os deles, para que todos possam desfrutar do efeito completo desse trabalho.

Não seja mau. (Fácil, certo?)

Considero a sua participação um valor da minha rede. O fato de você vir compartilhar suas ideias e sensações é maravilhoso para mim. Não estou sempre perto de um computador para responder a todos os comentários, mas leio tudo o que vocês dizem e adoro quando alguém na seção de comentários do meu blog se comunica com outra pessoa, e quando os meus leitores se desprendem e blogam sua visão sobre a ideia original, que a leva para outra direção. Obrigado por isso. Serei grato para sempre.

41

Cinco coisas para fazer em um *meetup* de redes sociais

Meetups (e, mais recentemente, *tweetups*, que são encontros organizados via Twitter) são a manifestação on-line de nosso trabalho nas redes sociais. Com o Twitter, o Upcoming.org,[171] o Facebook e todas as outras redes sociais, reunir um monte de gente com a mesma mentalidade é relativamente simples. Você define um lugar de encontro que não se importe em receber um monte de nerds, preferivelmente um lugar onde se possa fazer barulho (porque os tipos de mídias sociais são sempre os mais barulhentos do lugar, a menos que haja uma despedida de solteiro) e, com esperança, deliciosas libações para facilitar a interação social. Mas o que você *faz* lá dentro, uma vez que você entrou e viu que está no lugar certo? Aqui está uma receita.

Cumprimente seus amigos conhecidos

Muitas vezes, alguém que está no *meetup* é conhecido seu. Assegure-se de cumprimentar essa pessoa no começo da noite, e não depois. Estou tentando fazer isso porque, às vezes, sei que estarei em algum lugar com amigos e acabo não os vendo porque o tempo é consumido rápido demais. Vou fazer questão de cumprimentar meus amigos mais antigos primeiro em um *meetup*, para que eles se sintam reconhecidos.

---

171. http://upcoming.yahoo.com

Encontre as pessoas

Procure pessoas que podem ser novas em seu cenário local, ou aquelas que você ainda não conheceu, e apresente-se. Minha frase de abertura favorita é perguntar a elas o que costumam fazer quando não estão com um monte de geeks do Twitter. Se isso não funcionar, gosto de perguntar às pessoas sobre suas paixões.

Não circule demais

Uma tendência que é fácil seguir é ficar rodando em meio à multidão. Não é uma festa de casamento. Você não tem que visitar todas as mesas. Se você encontrar algo interessante, não tenha medo de aprofundar um pouco a conversa. Mergulhe mais fundo com as pessoas, porque senão o tempo vai arrastar você feito uma onda e você sairá de lá sem ter aproveitado.

Se precisar fazer negócios

Tente pensar nesses *meetups* como um primeiro encontro. Não enfie sua língua na nossa garganta. Em outras palavras, se você está lá para pescar novos negócios, fique frio e faça parte da turma. Converse sobre o que é relevante e não dê uma guinada instantânea para sua linha de negócios e como você pode nos ajudar (vender). Mas tudo bem dizer que você espera construir relacionamentos profissionais, ou algo assim. Só poupe os detalhes para uma conversa posterior.

Fale sobre algo novo

Sempre que possível, traga alguma ideia nova e legal para jogar na mistura. Pense nisso como uma brincadeira de mostra e conta. Ou, se você tiver algo novo e fantástico para mostrar às pessoas, faça essa brincadeira no mundo real. Trazer algo novo para um *meetup* enriquecerá tudo. (Não introduza isso na conversa à força, mas tenha algo novo em mente.)

42

Entregando conteúdo de valor para comercializar seu produto

O BatchBlue sabe como entregar valor logo de cara. Admito que não tinha ideia do que era o BatchBlue[172] até o começo de 2008. Existem muitas empresas grandes, e não conheço *todas*! Então, foi muito legal a Michelle Riggen-Ransom ter me procurado, citando posts relevantes que eu havia escrito nos meses anteriores e depois me oferecendo um relatório oficial muito informativo sobre as mídias sociais.

Esta é uma ótima maneira de entregar valor. Brian Clark, do Copyblogger, fez deste o seu modelo desde o começo. Entregar grande conteúdo e valor e depois fazer sua oferta do outro lado. Nesse caso, Michelle e Adam Darowski e sua equipe têm software de contato, tarefas e gerenciamento de comunicação para vender. Mas eles tomam a iniciativa, dando-nos um documento útil para analisar. Para alguns, não existe nada de muito *novo* no documento, mas é um bom recurso, bem formatado, e parece útil.

A antiga maneira de vender era colocar um informe oficial gratuito e esperar que as pessoas lhe dessem seu endereço de e-mail para que você pudesse convencê-las a assinarem. A nova maneira é criar informações ou ferramentas úteis e compartilhá-las gratuitamente com a sua comunidade, sem tentar captar leads, e depois esperar que esse ato de boa vontade seja traduzido em links (que o ajudam na busca) e também possíveis interessados.

Para saber mais sobre essa mentalidade, veja o livro *Inbound Marketing*, de Brian Halligan e Dharmesh Shah.

---

172. http://batchblue.com

43

O jogo da comunidade

As editoras estão começando a se perguntar: como transformamos nossas publicações em comunidades? No mundo das revistas, a FastCompany[173] incrementou seu site de revistas com uma rede social. A conferência da Gnomedex[174] do ano passado usou introNetworks[175] para fortalecer a conectividade pessoa a pessoa antes do começo do evento. O Webkinz[176] sabe que o importante não é o tecido e nem estofamento de seus bichinhos. Mas esses são só alguns. Existem tantas oportunidades óbvias de negócios comunitários em jogo, esperando para acontecer. Por quê?

Aqui estão algumas opções para organizações comunitárias que ainda não entraram no jogo.

Redes sociais de hotéis

Esqueça os programas de fidelidade e as milhas aéreas. Imagine um programa onde pessoas de negócios podem fazer o *opt-in* para revelar que estão se hospedando em um determinado hotel e aceitando reuniões para promoção de produtos, mas não para pedidos de empregos, durante os próximos quatro dias. A vantagem? Eu pagaria um *extra* para ir aonde as oportunidades de negócios valessem a pena.

---

173. http://fastcompany.com

174. http://gnomedex.com

175. http://intronetworks.com

176. www.webkinz.com

Fator a temer: perseguidores e outros pilantras. Isso não deve ser muito difícil de resolver, certo?

Harry Potter

Os marqueteiros já venderam tudo o que existe de real nos livros, de varinhas mágicas de mentira a balas de goma reais, e têm um videogame multijogadores enorme no forno (ou já foi lançado?), mas o que está faltando é um lugar onde os fãs de livros e filmes possam se reunir, falar dessas coisas, criar seus próprios trabalhos de ficção e *mashups*, ou senão ficar sentados em um barril para ser atingidos com oportunidades que funcionariam melhor para eles.

Fator a temer: garotada na mistura significa leis de privacidade diferentes, então, mais uma vez, perseguidores/predadores fazem parte.

A NFL (ou a sua indústria de esportes aqui)

Durante o Super Bowl de 2008, eu estava no cinema e bar local assistindo a meu time se derreter em uma tela de 40 pés em uma sala cheia de gente. Vou de vez em quando, mas os fãs de esporte são apaixonados. Onde há paixão, há oportunidade para uma interação comunitária nas redes sociais. Por que não ter algum tipo de site para compartilhar vídeos, fotos, áudio e mais? É óbvio que existiria uma diferença na qualidade entre o que um fã da NFL produziria e o que uma enorme organização dedicada à mais equipada mídia de esportes pode provocar. Permita perfis, chats e talvez até um futebol NFL de fantasia, uma oportunidade que você, de qualquer maneira, quer mas ainda não descobriu como abordar.

Fator a temer: meu melhor palpite aqui são os direitos autorais e outras questões legais.

Associações de comércio ou sem fins lucrativos

A maior parte dos sites das organizações de comércio é feita de brochuras da década de 1990. Elas têm uma página *home*, uma página "sobre", uma página de contato, um calendário e talvez mais uma página *wild-card*. Aqui existem situações em que você tem centenas e/ou milhares de membros e possíveis membros que podem encontrar valor em se conectarem entre si e com você também. Facilite. Construa um espaço para conexão lado a lado e também a parte de seu site que só fornece informação.

Fator a temer: não creio que haja um fator a temer, a menos que seja somente o medo do custo de fazer o upgrade dos sites.

Em qualquer lugar que você tenha uma população que pensa igual

Existem interações comunitárias inerentes em praticamente todas as situações nas quais você tem toneladas de consumidores motivados esperando para serem convertidos em membros de comunidades ainda mais valiosos. Eu poderia continuar citando outros, mas os exemplos anteriores devem colocar sua cabeça em movimento. Em todos os casos, forneci o fator a temer que poderia impedir as pessoas de executá-los. Você pode ou não concordar comigo que essas são as razões por que as pessoas *não* executariam uma interação comunitária. Mas se você discorda, terá que compartilhar o que acha que poderia estar impedindo.

Seja qual for o caso, penso que existem oportunidades que ainda não estão sendo exploradas. O que *você* acha?

44

O poder dos links

Há algum tempo, li um post no blog de Kevin Burton sobre como o Google havia implementado o *nofollow* em todos os links postados como um comportamento básico em sua implementação de novos sites. (Em poucas palavras, isso significa que quando as aranhas do Google ou de qualquer outra pessoa saem para ver o que existe em um website, elas não seguem links para outros sites para ver o que são esses sites e indexá-los também.) Não faço muitas buscas, então não tenho certeza das razões do Google para fazer isso. Mas eis o que isso me fez pensar.

Links significam intenção

Isso tem a ver com o que Steve Gillmor fala com relação aos gestos[177] e atenção, e coisas parecidas. Se coloco um link em um blog, isso sugere que eu encontro valor no que existe do outro lado do link. Significa que acho que *você* deveria clicar no link e ver o que está acontecendo lá.

Então, pense sobre isso por um momento. Pense no *seu* comportamento com relação a links. Quando você escreve sobre o blog de Britt Raybould, o Bold Words,[178] mas *não* coloca o link para ele, você está dizendo que não está interessado em fazer com que as pessoas descubram o trabalho de Britt.

177. http://gesturelab.com

178. www.bold-words.com

Quando você fala do LinkedIn, mas você o linka de volta ao seu próprio post de blog em vez de linkar ao LinkedIn, está querendo dizer que quer manter o tráfego em seu próprio espaço. *Às vezes*, isso faz sentido. Se eu dissesse "Aqui está o meu outro artigo sobre o LinkedIn", então isso faz sentido. Mas se *todos* os links mantêm o público em seu site, você está me dizendo que não quer que eu divida minha atenção com o resto da Web.

Os links constroem redes de pensamento

Anos atrás, quando comprei meu primeiro Mac, ele veio com o HyperCard. Aquilo era *tão* incrível para mim. Eu podia linkar palavras dentro do texto e dar todo tipo de nuances e referências e conversas na barra lateral e, ao mesmo tempo, manter o documento original in-line. Os links são parte dessa mesma mágica, só que melhor. Porque o HyperCard, pelo menos quando eu estava começando com ele, era relegado a referenciar meu próprio computador e meus documentos, ao passo que os links me direcionam para toda a rede.

Com essa finalidade, você pode construir redes de pensamento incríveis e interessantes. Você pode construir posts que dão às pessoas uma compreensão sobre alguma coisa sintetizando a informação *para* elas. Às vezes, você não é a autoridade, mas está sempre em uma posição de fazer o thread para alguns artigos, vídeos e outros recursos para construir algo útil para você. Ser prestativo significa encontrar os recursos certos para o que você está tentando dizer.

Links dão crédito

Se você clica em uma foto incluída num post de blog, ela leva você ao artista que a criou. Embora não seja uma maneira perfeita de dar créditos (Steve Garfield[179] sempre me educa sobre isso), é melhor do que simplesmente usar a foto em meu post – e melhor do que só escrever "Esta foto é de Jared".

Neste mundo gratuito, uma das únicas moedas que ainda buscamos e pedimos são os links. Note que o meu trabalho está todo disponível para vocês gratuitamente, para ser reutilizado de muitas maneiras. A única coisa que vocês não podem fazer legalmente com o meu trabalho é ganhar dinheiro diretamente com ele. (Veja bem, se minhas ideias ajudarem você a ganhar dinheiro porque as *executou* de sua própria maneira, você tem minha bênção para guardar seu dinheiro.) Entretanto, você pode repostar todos os posts que publico no seu blog, ou no blog de seu cachorro, ou onde você quiser, *desde que* me dê um link de volta para www.chrisbrogan.com. Não é pedir demais por tudo o que investi no meu trabalho. Certo?

Então, os links são uma peça muito importante na moeda da internet. Eles são a moeda da *atenção*, nesse sentido.

Os links são a rede

Seu telefone tem muitos botões, mas se você não os apertar na ordem certa, ele não vai funcionar, mesmo tendo muitas capacidades. Construir páginas na rede como blogs, wikis e similares são a sua oportunidade de construir uma rede para seus próprios propósitos. Fazemos isso o tempo todo. O FriendFeed é uma ferramenta para mostrar links para toda a minha presença na rede. O Lijit[180] também. O Twitter, os blogs e em tudo que conseguimos colocar um HTML são maneiras de colocar a linha na agulha.

179. http://stevegarfield.com

180. http://lijit.com

Quando você acrescenta links a uma página, você conta uma história. Você constrói redes de valor. Por exemplo, se você constrói um post chamado "Os 20 melhores sites Torrent", acaba de dar aos outros um recurso para melhorar suas experiências na rede.

Continue. Crie redes. Aprenda a fazer links bons e bonitos, dê crédito para as pessoas e sinalize suas intenções, e teça uma linda rede para gente que pode precisar de sua ajuda.

O valor de retorno é como tudo isso acaba trabalhando a nosso favor. Doc Searls[181] poderia chamar isso de uma maneira de ganhar dinheiro "por causa do valor" do que estamos fazendo. (O efeito "por causa de" está ganhando dinheiro por causa de alguma coisa, e não com alguma coisa.) Concorda?

---

181. http://blogs.law.harvard.edu/doc/2008/02/29/some-views-on-the-blogosystem/

45

Autoridade, propriedade e mecânica

Três coisas mudam a maneira como usamos essas ferramentas das mídias sociais: autoridade, propriedade e mecânica. Essas são três das cinco origens de uma revolução, como afirmou Moshe Yudkowsky em um podcast que ouvi recentemente. Aqui estão as minhas definições para esses três termos. *Autoridade*: "Quem possui a habilidade de mudar as coisas?" *Propriedade*: "A quem pertence o que criamos?" *Mecânica*: "Como juntamos tudo isso?" Se você olhar o que importa para nós nestes tempos de criar mídias sociais, usar a rede da nossa maneira e compartilhar informações, acredito que essas são as três forças em jogo.

Agora, a pergunta é: como você, como profissional, como uma empresa, como alguém com um produto ou serviço, contempla essas forças em *suas* ideias, produtos, serviços, resultados práticos? *Você* foi o único a se esforçar? *Você* possui a propriedade intelectual ou deixou o código aberto? Quem pode interferir no modo como ele é usado, mostrado e/ou consumido?

É fácil pensar nessas coisas quando estamos falando de outra pessoa. "Indústria fonográfica: façam música gratuita", mas será que isso se torna um pouco mais difícil quando você pensa em *você* e na *sua* relação com essas ideias?

Autoridade, propriedade, mecânica. Como essas forças impactam o que você está fazendo?

46

Possibilitando a colaboração entre pares com as redes sociais

Uma amiga do Reino Unido me escreve para perguntar como ela poderia ajudar sua um tanto tradicional associação comercial a ver o valor de usar as aplicações de uma rede social para facilitar as comunicações entre os membros da associação, e talvez também como uma maneira de estimular novos membros a participar. As associações comerciais são um tipo de organização perfeito para empregar as ferramentas das redes sociais a fim de estimular a conversa e construir relacionamentos digitais. Aqui estão algumas possibilidades para os próximos passos.

Mantenha a parte tecnológica simples

Em situações em que as pessoas não são muito técnicas, mantenha a energia nos benefícios da colaboração e na comunicação entre equipes. Para esse fim, recomendo uma plataforma simples, mas funcional, como o Ning, ou se tiver que ser gerenciada dentro do firewall, talvez algo como o JiveSoftware[182] ou o Mzinga.[183]

Desenvolva um pouco

Começar com uma grande plataforma vazia assusta. Recomendo desenvolver algumas contas de usuário para alguns membros, e talvez encontrar novos "amigáveis" para construir um perfil e começar a enviar

182. www.jivesoftware.com

183. http://mzinga.com

mensagens. Sempre acho mais fácil entender quando se pode ver exemplos reais de membros usando o sistema. Reúna meia dúzia de pessoas que podem estar inclinadas a "pegar a coisa", ajude-as a construir uma conta, acrescente uma foto do usuário e tudo o mais, e em seguida envie algumas mensagens. Depois, quando você mostrar e/ou demonstrar para a base de membros, eles se verão ali.

Faça um screencast

Use um software como o Jing[184] para gravar um breve screencast das características e funcionalidade. Não deixe que exceda dois minutos. O propósito é que "é mais fácil ver como funciona do que ler sobre ele".

Forneça assistência com sign-ups e treinamentos de 10 minutos

A adoção das ferramentas por parte de grupos que não são fãs de tecnologia depende dos níveis de conforto. Uma maneira de combater isso é dar assistência, reservando alguns dias para auxiliar os membros a assinarem, mesmo que você faça isso de modo remoto, por e-mail ou telefone. Depois que eles assinarem, pense em um treinamento passo a passo. Produzir um documento capturando cem telas, apontando para quais botões clicar e em que ordem, e distribuí-lo de modo amplo pode ser um passo na direção certa.

Atraia um pouco de atenção para a nova plataforma

Por fim, comece a integrá-la no processo da organização. Em um informativo, em vez de referir-se a um endereço de e-mail para per-

---

184. http://jingproject.com

guntas sobre um novo programa, convide as pessoas a postar perguntas nos novos fóruns da nova rede social. Acrescente um link bem fácil de visualizar no site principal. Acrescente a nova rede social aos arquivos de assinatura nos e-mails. Envie uma pequena inserção na próxima correspondência em papel. O principal é deixar que as pessoas saibam que ela existe e estimular o seu uso.

Trata-se de pessoas

O segredo acerca da tecnologia é que ela sempre trata de pessoas. Quando converso com grupos sobre como sua rede social não está decolando dentro da organização, sempre me falam sobre todas as características, mas nunca sobre como ela foi integrada dentro do fluxo do dia de um determinado funcionário. Essa é a chave.

47

Dez maneiras de melhorar sua próxima conferência

Antes de sua próxima conferência, pense nessas dez coisas simples:

- Vasculhe a rede (Technorati, Google Blogsearch e Twitter Search) para saber quem virá e contate as pessoas que deseja ver.
- Marque reuniões com pessoas no primeiro dia, assim que puder, porque o tempo se esgota.
- Beba mais água do que normalmente faz e use sapatos *muito* confortáveis.
- Leve cartões de visita. Montes deles. Mas pegue os cartões de outras pessoas também, porque aí *você* pode garantir uma resposta.
- Tenha uma resposta breve e simples para as perguntas: "O que você faz?", "Em que está trabalhando atualmente?", "O que o traz à conferência?".
- Blogue uma foto sua muito recente para que as pessoas saibam quem irão encontrar.
- Verifique o Upcoming.org e o Facebook para eventos e festas relacionados. Vá a alguns.
- Tire fotos de você e de algumas pessoas que encontrar. Poste-as com os links das pessoas, se conseguir achá-los.
- Nunca presuma que as pessoas são melhores que você ou que você não é bom ou importante. Você é. E se as pessoas ainda não sabem disso, entre como se elas o conhecessem razoavelmente bem mesmo assim.
- Não se esconda por trás do laptop, do BlackBerry, da câmera. Mostre-se e seja corajoso de vez em quando. *Valerá* a pena.

48

Quem está promovendo você secretamente?

Kare Anderson, do Say it Better,[185] indicou este trabalho de ficção para mim na revista *The New Yorker*. "Raj, Bohemian"[186] é sobre um sujeito que tem a nítida sensação de que todos à sua volta caíram em um círculo infinito de promover coisas. A situação fica inviável quando ele percebe que algumas pessoas de seu círculo ganham a vida fazendo isso, como uma forma de propagar os produtos e serviços de seus clientes. É o marketing boca a boca feito dissimuladamente. Isso me faz pensar sobre nossas comunidades on-line e a noção de reputação – tanto que Julien Smith e eu escrevemos um livro, *Trust Agents*, sobre isso. Aqui estão alguns pensamentos que datam de cerca de um ano antes de escrevermos o livro, para dar-lhes uma ideia de como sedimentamos essas ideias.

A internet é perfeita para esse tipo de coisa. Nem temos que ver nossos amigos cara a cara. Nossos novos amigos das redes sociais podem nos dizer muito sobre produtos sem nos dizer se estão sendo pagos para falar sobre eles. Deveríamos criticar isso? Deveríamos ver propagandistas debaixo de cada pedra?

---

185. http://kareandersonofsayitbetter.com

186. www.newyorker.com/fiction/features/2008/03/10/080310fi_fiction_ kunzru?currentpage=1

A promoção invisível e as comunidades

As pessoas estão mais ligadas do que nunca. É muito fácil encontrar buracos nas informações, é simples verificar os fatos um pouco. Para esse fim, as empresas dispostas a arriscar a confiança de suas comunidades através da promoção dissimulada estão correndo riscos com suas marcas. Toda vez que vemos um blog como o "Wal-Marting Across America",[187] ele permanece conosco. Às vezes, mudamos nosso comportamento como consumidores por causa dele. Outras vezes, não.

A propósito, tenho certeza de que essas táticas funcionam, então não vamos descontar o fato de que a promoção invisível traz dinheiro vivo para as empresas.

Nação da apatia

Eu deveria salientar que a apatia sobre esses assuntos é abundante – e tem sido assim desde o final dos anos 1960 (pelo menos na América). Aprendemos como *não* confiar no governo. Compreendemos que as empresas só queriam (querem) ganhar dinheiro. E, em muitos casos, damos de ombros e não ligamos. Nem todos nós, é claro, mas existe muita gente que encolhe os ombros para as coisas que as grandes empresas fazem e só as aceita como *status quo*.

Então, aqui estamos com um monte de perguntas e sem muitas respostas. Estamos inundados por oportunidades para sermos secretamente influenciados nas redes sociais que escolhermos.

---

187. www.blogher.com/node/11579

Tudo se resume a confiança

Tenho um respeito bastante saudável por permanecer honesto para com a comunidade. Nunca quero que você fique se perguntando se estou dizendo que algo é bom porque fui pago para isso. Simplesmente não estou aberto para essas coisas. Quando sinto que há pressão externa para alguma coisa que estou dizendo (por exemplo, se falo do Utterli, sempre tento mencionar que faço parte do conselho), então faço o possível para separar isso dos elogios aleatórios sobre alguma coisa. A moeda do meu relacionamento com você é a confiança. Você nem se dará ao trabalho de ler o que tenho a dizer se duvidar de meus motivos ulteriores.

Sou completamente imparcial? Não. Alguém é?

Motores de reputação

Os mecanismos para a confiança precisam encontrar seu caminho nas redes sociais. Os sistemas de reputação, não diferentemente dos criados no eBay, no LinkedIn e no Amazon,[188] ajudariam a acrescentar um contexto e uma história muito necessários e transparência para o "eu" que flutua pela rede, no Twitter, no Facebook. Talvez tenha que haver um opt-in, como logar-se via OpenID, ou talvez somente algum tipo de sistema de validação de terceiros a quem você possa enviar alguém, caso a conversa rume para águas não necessárias.

Não estou sugerindo que a privacidade deva ceder. Isso não é algo que exija que as pessoas abandonem a opção de permanecerem anônimos na rede. Estou dizendo que, para as pessoas que buscam

188. www.amazon.com

representar a si mesmas como quem são, um motor de reputação poderia esclarecer alguns temores acerca de promoções invisíveis.

Fazendo um trabalho honesto

Acredito que a propaganda, o marketing e as relações públicas podem ser feitos de modo honesto e que transformar vendas veladas em conversas não é inerentemente ruim. Acredito que as pessoas querem mesmo entender os produtos e os serviços e ter um relacionamento com certas marcas. Minha preocupação é com a tática, e especialmente com o modo pelo qual as pessoas podem usar as redes e as mídias sociais com interesses escusos sem explicitar o seu envolvimento.

Nunca vou querer ignorar o bom trabalho que os profissionais de propaganda, marketing e relações públicas estão fazendo com as redes sociais.

Você está sendo vítima de uma promoção dissimulada?

Alguns argumentariam que *todos* nós promovemos alguma coisa. Quando uso o Twitter para compartilhar links para este post, isso é uma promoção. Quando mostro a vocês o meu novo maravilhoso e-book, isso é promoção. Mas a questão é mais sobre os motivos ocultos do que sobre você estar sendo estimulado para esta ou aquela direção.

49

O rumor do conteúdo se libertando de sua página

O anúncio do Yahoo, em março de 2008, que pretende introduzir um método de busca diferente – de modo que o Yahoo! puxará dados microformatados de uma página e os entregará nos resultados no Yahoo em vez de passar o buscador até a página alvo – deve ter provocado um arrepio nos especialistas em SEO e também nos produtores de conteúdo. Deixem-me explicar novamente: imagine resultados de busca que não estimulem os usuários a visitar seu website, mas que, ao contrário, sirvam respostas na página de resultados de busca. Já está suando?

Da perspectiva de um usuário, isso é muito mais útil em certas situações. No artigo Blogspotting,[189] Stephen Baker usa o exemplo de alguém procurando informações sobre restaurantes. Em vez de obter links para todos os tipos de páginas que abrigam essa informação, você obterá uma compilação de dados simples e fáceis de usar, que deveria ajudá-lo a encontrar o que precisa.

Da perspectiva de um produtor de conteúdo, isso requer que você faça muitas mudanças em sua percepção do que importa, especialmente se você acredita que o valor de seu conteúdo é o site que o abriga.

---

189. www.businessweek.com/the_thread/blogspotting/archives/2008/03/yahoos_raghavan.html

Os anúncios nas páginas podem sumir

Se alguém está procurando vídeo sobre como tocar violoncelo, e você tem um podcast de violoncelo (por exemplo, o www.cellojourney.com) que conta com um anúncio no Google AdSense para a banda larga e um dinheirinho extra para se divertir, seu vídeo agora pode criar pernas e aterrissar em uma página de resultados de busca *sem propaganda*. Em casos em que você construiu anúncios e programas de afiliação em todo o seu site, uma busca como a que Prabhakar Raghavan, do Yahoo, está antevendo poderia deixar seus anúncios comendo poeira.

O bom conteúdo será encontrado

Por outro lado, se for vantagem para você ou para sua organização ter seu conteúdo em mais lugares, como o Powered, de Aaron Strout,[190] me mostrou, esse é um caso em que conteúdo excelente terá, de repente, mais visibilidade, e você será ouvido por mais gente. Se você olhar por outro ângulo, pedir que os usuários/buscadores façam malabarismos para se conectar com o que estão buscando não parece muito convidativo, parece? Você pode assistir a um vídeo em qualquer lugar. Você pode ler em qualquer lugar. O conteúdo foi criado para ser livre, mesmo que isso signifique mudar um pouquinho o modelo de fazer negócios.

A produção de ótimo conteúdo e esta nova maneira de fazer buscas andam de mãos dadas, mas isso também significa que você tem que pensar em fazer um tweak de seu conteúdo para esse novo mundo. Inclua maneiras com que as pessoas possam voltar para o seu site

---

190. http://tinyurl.com/273ujz

principal, incluindo links, diretamente *dentro* do conteúdo que está criando. Para texto, pense em acrescentar links de volta para o seu site principal em cada post. Para áudio, certifique-se de ler em voz alta o seu URL no final (e talvez no começo também) de cada post. Idem com vídeo.

Antecipe-se à concorrência

Se você encarar isso como uma oportunidade, poderá ver que ter microconteúdo de qualidade e usar microformatos apropriados seria uma ótima maneira de entregar valor portátil que poderia catapultá-lo para outros esforços de busca.

Para o usuário médio, vale a pena considerar como você poderia interagir dentro desse novo espaço; pense adiante sobre como você apresenta a *sua* marca em um mundo onde dados semânticos podem mudar significativamente o jogo da busca.

E então, o que você acha? Seus dados estão prontos? Você está?

50

Mídias sociais: conversar é barato para as empresas

Fala-se muito sobre as mídias sociais. Demais. O eco é quase ensurdecedor. Liberdade. Abertura. Temos poderosas ferramentas de comunicação. Somos a mídia. Tudo gira em torno das conversas. Falamos sobre isso o tempo todo. Ao mesmo tempo, mais pessoas estão começando a entrar no jogo, então tudo é novidade e empolgação. As empresas estão começando a perguntar: "Ei, aqui tem alguma coisa ou é só mais uma conta para pagar, como quando costumávamos pagar para imprimir panfletos?". As empresas estão perguntando como tudo isso se junta dentro do mundo delas, das suas condições. Elas estão perguntando como vamos mudar seu lucro final, acrescentar alguma coisa à sua receita, fazer tudo isso valer a pena.

Você tem uma resposta para elas? Aqui estão alguns rascunhos que conduzem ao caminho de ajudar as empresas a compreender o valor da proposta.

Ferramentas de colaboração – internas

Coisas como blogs, podcasts, Utterli, Twitter, Wikis, e mais ferramentas unificadas como o JiveSoftware e o BaseCamp,[191] são úteis para processos internos e colaboração. Acredito que elas sejam melhores do que as ferramentas que muitas empresas usam para se comunicar

---

191. www.camphq.com

sobre um projeto. Acredito que a implementação dessas ferramentas é simples, requer pouca ou nenhuma infraestrutura (dependendo dos requisitos de segurança), e quase sempre podem ser operadas em nuvem, dependendo dos níveis de conforto. Elas podem ser usadas de diversas maneiras:

- Mensagens de status.
- Treinamento informativo.
- Gerenciamento de projetos.
- Gerenciamento do conhecimento.

Ferramentas de redes sociais – rótulo branco

Para organizações que têm uma grande base de clientes, uma grande base de sócios ou qualquer circunstância em que a audiência já seja bem definida (mais comumente do que nos espaços B2C), construir uma rede social com a sua comunidade de modo que você gerencie e mantenha todos os aspectos da experiência é simples. Ferramentas como o Ning, o Awareness Networks[192] e várias outras existem,[193] podem ser implementadas de modo barato e entregam algum valor em potencial para uma mescla de usuários:

- Geração de leads.
- Atendimento ao cliente.
- Desenvolvimento de comunidade.

---

192. www.awarenessnetworks.com

193. www.web-strategist.com/blog/2007/02/12/list-of-white-label-social-networking-platforms/

- Desenvolvimento de produtos (Lego Mindstorm, Dell IdeaStorm, My Starbucks Idea).
- Coleta de dados (perfis e uso poderiam gerar mais entendimento de marketing).
- Recrutamento.

Ferramentas das redes sociais – comercial e consumidor

MySpace, Facebook, LinkedIn, Bebo,[194] Orkut[195] e outros são todos lugares onde as pessoas se encontram. Como tais, seria possível usar essas áreas como um lugar para vender, um lugar para recrutar, um lugar para entender o mercado, um lugar para construir relacionamentos sem amarras (Sei que parece papo de louco, mas vamos lá). Eles provaram ser um chão fértil para a propaganda? Não para B2B. E quanto a B2C? Os resultados são misturados. Os gastos com anúncios estão mudando para on-line. A GM anunciou recentemente que irá gastar um terço de sua verba para publicidade para anunciar on-line nos próximos tempos. Quanto disso aparecerá no MySpace? Não está claro.

Blogs, podcasts, vídeo, divulgando

Blogar, acredito, é um dos casos de melhor uso e mais fáceis de sustentar. Existe o ângulo do atendimento ao cliente (por exemplo, como Lionel Menchaca realmente mudou a opinião pública sobre a Dell com o blog Direct2-Dell). Bill Marriott (do ramo hoteleiro) mantém um blog

---

194. www.bebo.com

195. www.orkut.com

decente.[196] Existe um valor em convencer as empresas a blogar se elas estão dispostas a ouvir algumas sugestões:

- Escreva conteúdo genuíno, conversacional que não seja somente "eu, eu, eu".
- Encarregue a pessoa apaixonada de escrever, não somente o chefe.
- Possibilite comentários e esteja disposto a envolver-se em discussões desconfortáveis (tendo estabelecido uma política de comentários razoável).
- Responda e comente os blogs de outras pessoas com frequência.

Os podcasts têm algumas ótimas utilizações, tanto em áudio quanto em vídeo. A infraestrutura e os esforços de produção para ambos são baratos se comparados aos meios tradicionais de áudio e vídeo. As pessoas estão esperando mais uma experiência ao estilo YouTube do que algo que veriam no cinema, e quanto mais direto e pessoal for o material, melhor as pessoas se relacionarão com ele. As empresas estão aprendendo como o vídeo pode adoçar essa experiência. Dê uma olhada no Standout Jobs,[197] uma empresa que trabalha pesado com vídeo para criar serviços de qualidade em recrutamento e colocação de pessoal.

Os meios de comunicação tradicionais inundaram os podcasts. Verifique na loja da Apple iTunes e você verá. Conte, em qualquer seção, quantos produtos da grande mídia ou derivados da grande mídia estão lá, compare com o número de independentes e você terá uma noção. No entanto, para empresas, ainda existe valor a ser conquistado lá devido às oportunidades baratas de produção e distribuição.

---

196. www.blogs.marriott.com

197. http://standoutjobs.com

As questões de pessoal

Onde se aloca um blogueiro corporativo? No marketing? No departamento de TI? Atendimento ao cliente? Desenvolvimento de produtos? Depende, mas surge essa questão na hora de fazer a folha de pagamento, RH, relatório estrutural, e tudo o mais. Como se *mede* a eficácia disso? Ah, vá em frente. Diga-me que você sabe. Existem *alguns* números. Lionel Menchaca, da Dell, falou sobre a avaliação da percepção negativa como uma medida-chave detectada pela Dell durante seus esforços no blog (que Lionel ajudou a reduzir em 30% ou mais).

Ah, e boa sorte em pedir um currículo que inclua o histórico apropriado para isso. Onde os blogueiros ou gerentes de comunidades ou podcasters mostram sua experiência? Eles podem demonstrar sua capacidade, mas não podem indicar exatamente um desempenho passado (bom, a maioria não pode) e dizer "Foi aqui que rodei um vídeo para o Rocketboom".[198] Isso torna o recrutamento mais difícil? E existem realmente equipes de RH procurando gente que faz mídia social ou está vindo direto do fundo da gerência de produtos para *skunkworks*?

Aqui está uma situação em que temos que conjugar coisas incompatíveis. Se você é o gerente da comunidade, está em uma posição onde é parte atendimento ao cliente, parte RP, parte suporte e parte desenvolvimento de produto. Você é, a um só tempo, o defensor dos clientes e a pessoa dedicada à empresa. E onde você é treinado? Para quem você se reporta? Como alguém lhe dá uma métrica que diga o que você tem que fazer em um dia?

---

198. www.rocketboom.com

Se você está no espaço tecnológico, você envia seu gerente de comunidade para conferências? Não é desenvolvimento de produto. Não é geração de leads (como tal). No entanto, os departamentos financeiros estão recebendo relatórios de despesas de pessoas que viajam para conferências só para expor a marca. Quanto tempo isso irá durar, se não há nada para mensurar o outro lado?

Começou a entender a situação?

Sua parte em tudo isso – se você está pensando em negócios

Se você está olhando para isso de uma perspectiva "trabalhando com negócios", tenho algumas coisas para lhe dizer. Você terá que tratar dessas coisas todas e muito mais. Você terá que saber como convencer os departamentos de tecnologia a abrir partes do firewall. Terá que ajudar a delinear as descrições de cargos que explicam o que esses cargos fazem para essas empresas. Terá que ser muito menos vago com relação ao valor que está colocando na mesa como um líder de pensamento e um estrategista desse espaço. Você não terá sua entrada facilitada em algum lugar nada parecido com o Vale do Silício por ser um blogueiro ou podcaster, então pode começar a apostar alto em suas habilidades e perspectivas.

E onde fica a diversão?

Existe aos montes. *Aos montes*. Você só tem que tomar o comprimido azul. Se fizer isso, é legal. Tem muita diversão no ato de criar mídia, comunicar-se, compartilhar sua voz, contatar pessoas e estabelecer novos relacionamentos. As pessoas fazem isso o tempo todo, e é importante.

De volta ao comprimido vermelho

Se você vai se apresentar como um profissional de negócios mostrando o valor dessas ferramentas para empresas, eleve o nível do jogo. Faça. Produza. Aprenda. E construa a interface humana apropriada entre o que essas empresas compreendem e o que você está oferecendo. Está lá. Você *pode* fazê-lo. Você tem que trabalhar sob essa perspectiva.

51

O ecossistema da comunidade

Não existem, de fato, muitos segredos sobre como as coisas funcionam na mídia social. Existem habilidades a serem aprendidas, e existem características humanas a serem reaprendidas. Mas quando as pessoas mergulham nesse espaço e tentam obter resultados para seus esforços, elas às vezes ficam surpresas e frustradas. Às vezes, quando nos apressamos, esquecemos as partes "boas" das coisas, mas, dentro do ecossistema de uma comunidade, é isso que vai gerar resultados. Aqui estão algumas reflexões.

Contribua onde puder

Brian Solis[199] é um membro respeitado deste novo mundo. Está nele há mais de dez anos, com sua nova empresa visionária de RP, a Future Works. Quando Brian vai para uma reunião, ele leva sua câmera monstruosa e um ótimo olhar, e tira *montes* de fotos. Mas é o que vem depois que comprova o que quero dizer. Brian compartilha suas fotos no Flickr, e ele as compartilha com licenças do Creative Commons, de modo que você pode muito bem usar suas fotos para qualquer coisa, desde que lhe dê crédito.

Você pode contribuir em algum lugar do ecossistema de sua comunidade. Talvez seja compartilhando suas fotos. Talvez seja oferecendo

---

199. http://briansolis.com/

pequenas dicas de negócios[200] para empresários em ascensão. Talvez seja oferecendo conselhos sobre apresentações.[201] Aonde puder, ofereça (de modo fácil e gratuito) coisas que *você* pode levar para a comunidade.

Comunique-se quando puder

Os membros da tribo Zulu saúdam um ao outro dizendo "Sawubona", literalmente traduzido como "Eu vejo você". Isso significa "Eu sei que você está aí e reconheço você como outra pessoa". A resposta é "Ngikhoma", literalmente, "Eu estou aqui".

Visitar os sites de outras pessoas e/ou ler seus feeds de RSS não é o suficiente o tempo todo. Faça questão de comentar, de dizer "Eu vejo você". Às vezes (ok, comumente), recebo e-mails de pessoas dizendo que não recebem nenhum comentário em seus sites, e que se perguntam por que deveriam se dar ao trabalho de comentar. *Muitas* pessoas têm a sensação de que estão num ambiente inóspito sem fazer nada importante. Você pode estar contribuindo para esse sentimento ao não fazer comentários, mesmo que ocasionais, sobre alguns dos lugares que visita.

Quando puder, compartilhe um pouco o "eu vejo você" nos lugares onde interage. Porque é importante. Volta para você. As pessoas se importam.

Crie o que puder

Participar, construir e criar. Tudo isso é possível com essas ferramentas e com a maneira com que as pessoas estão vendo a paisagem do

---

200. www.smallbizsurvival.com/2008/03/checklists-for-starting-your-first.html

201. http://pistachioconsulting.com/

trabalho. Temos o potencial para sermos mais conectados um ao outro do que jamais estivemos. E partindo daí, agora temos a oportunidade de amenizar o fardo de outros criando coisas que outros possam usar.

Existem maneiras de criar construindo coisas para pessoas que não possuem, necessariamente, essas habilidades, mas que têm uma necessidade que você pode suprir. Outra maneira é agregar valor contribuindo com um projeto já existente. Outras vezes, simplesmente organizando um encontro (seja on-line ou no mundo real) de pessoas com interesses parecidos, de modo que você possa ajudar a catalisar as conversas e o compartilhamento de interesses. Crie. Faça. Produza. E compartilhe.

O ecossistema da comunidade não quer dinheiro, acima de tudo

Não se trata de hippies compartilhando gratuitamente contra os capitalistas gananciosos. Essas coisas que estou mencionando funcionam das duas maneiras. Você pode fazer essas coisas num espaço onde seja "legal", e você pode fazer essas coisas num espaço onde o valor volte para a empresa, de alguma outra maneira. Essa não é a questão, porque as habilidades necessárias para contribuir para esse ecossistema são necessárias nos dois lugares. Na verdade, elas são intercambiáveis.

Como você está contribuindo? Onde você está se comunicando? O que está criando? Venha nos visitar.

52

Primeiros passos nas mídias sociais para freelancers

As oportunidades para espíritos empreendedores, freelancers e consultores estão em alta. Uma economia fraca (como a que os Estados Unidos estão vivenciando agora) é uma razão, mas outra razão é a flexibilidade que esses funcionários oferecem às empresas que podem não ter os recursos (ou querem poupar as despesas) relativos à contratação de alguém em tempo integral para certos cargos. Mesmo assim, com tanta competição por atenção, como você pode se destacar para não só ser visto, mas selecionado para as oportunidades que procura? Aqui estão alguns pensamentos sobre essa questão.

Primeiro: profissionalismo, ou não

Antes de mergulhar nesse negócio, determine se você é uma alma que gosta de diversão procurando ganhar um trocado extra ou alguém que busca construir uma fonte de renda estável para sustentar a si mesmo e, possivelmente, sua família. Caso seja o primeiro, pule praticamente tudo o que digo a seguir. Se for o último, continue lendo.

Seu blog, sua fachada

Se você está no ramo de prestação de serviços (programação, design, marketing, vendas etc.), existe todo um trabalho de produção feito por você que não é facilmente mostrado. Ainda assim, você precisa de uma vitrine para "anunciar" o que faz (tiro o chapéu para minha amiga Liz Strauss,[202] por falar comigo sobre sua paixão por transformar o que os outros fazem em um produto).

Anúncios, barras laterais e widgets

Antes de passarmos ao fundamental, vamos fazer uma limpeza.

- Livre-se dos anúncios esporádicos. Se você é um freelancer bem-sucedido, por que está tentando ganhar um trocado a mais com o seu site?
- Livre-se dos widgets esporádicos. Para simplificar, arrume seu blog de modo que ele pareça claro e profissional (você pode se divertir e ser envolvente, mas pense em seu público comprador).
- Livre-se daquele troço do calendário. *Ninguém* navega nele.
- Fique atento aos widgets sem utilidade. Gráficos sobre as "fases da lua" diminuem a velocidade de seu blog e dispersam seu intento.
- Habilite comentários e torne-os fáceis de utilizar.

Postando ideias

Agora, vamos falar de seu blog como seu motor de negócios.

- Comece escrevendo posts que tratem de sua área de conhecimento e estabeleçam você como o líder de pensamento. Mas seja humilde. Seja o "aprendiz intelectual".

---

202. www.successful-blog.com/1/get-unambiguous-and-get-more-customers/

- Pare de escrever posts que não têm nada a ver com o assunto, ou pelo menos mantenha-os em uma proporção de 10 tópicos relacionados e 1 não relacionado.
- Linke-se com outros blogs que cobrem sua área também e faça elogios quando puder. Este é o espaço da "mentalidade da abundância". É claro que existem muitas pessoas que não são "as melhores", como você, mas quando você o diz, pode soar falso.
- Certifique-se de que sua paixão apareça. É isso que as pessoas compram.
- Quanto mais você explorar *novas* ideias em sua área e, além disso, explicar abertamente como as pessoas podem ganhar dinheiro, reduzir custos, o que for, mais negócios você atrairá.

"Sobre" e contato

Faça sua página "sobre" parecer um grande (e breve) testemunho. As pessoas querem saber, acima de tudo, o que você pode fazer por elas. Escreva como se a pessoa que está lendo perguntasse: "Eu gosto da Sônia. Como faço para trabalhar com ela?".

Se puder, inclua um retrato recente. Se você não tiver nenhum bom, compre uma câmera digital descartável bem baratinha e tire fotos de seu rosto até conseguir uma boa. Não é *tão* difícil. Não faça fotos glamourosas e nem versões adultas de fotos de escola, com aquele fundo de nuvem. Este é um lugar em que você pode exercitar bastante a criatividade. Faça-o refletir o que você espera retratar.

Coloque a sua informação de contato em todo lugar. Na página principal. Na página "sobre". Na página de contato. Torne muito fácil para as pessoas contatá-lo e fazer negócios com você.

Promovendo o seu blog

Aqui está uma breve lista de como atrair um pouco mais de atenção e amor para o seu blog.

- Acrescente o URL de seu blog à sua assinatura de e-mail.
- Acrescente o URL de seu blog ao seu perfil no LinkedIn, à sua conta no Twitter, ao seu perfil no Facebook.
- Use as ferramentas do Facebook, como o Flog Blog, o Blog Friends e o Feedheads. Todas elas expandem sua busca.
- Abra uma conta no Flickr.
- Associe-se a alguns diretórios de blogs (pesquise-os no Google).
- Compartilhe links por e-mail com as pessoas.
- Use o FeedBurner e coloque uma opção "assine por e-mail" em seu blog.

Construindo a comunidade: além de seu blog

Torne-se ativo nos blogs de outras pessoas. Construa relacionamentos com outros blogueiros de sua área. Se você é um músico freelance, participe ativamente das páginas de outras pessoas no MySpace, em seus blogs, em seus fóruns de fãs. Esteja onde as pessoas que você precisa alcançar estão e participe desses acontecimentos. Algumas sugestões:

- Twitter. Você pode dizer o que quiser, mas o Twitter é uma maneira de conhecer outras pessoas, a maioria da área tecnológica, e você se surpreenderá (por exemplo, existem milhares de tricoteiros no Twitter).

- Ning. Existem muitos grupos e interesses compartilhados na plataforma dessa rede social sem marca, e mais e mais pessoas estão começando a usá-la.
- Facebook. Grupos podem ser ativos e/ou se calar bem depressa (minha experiência, no geral).
- Grupos Yahoo! Não se esqueça deste método muito simples de atingir comunidades ativas.
- Update. Laura[203] e Jeremy[204] disseram que muita gente desfruta de ótimas comunidades (e negócios) a partir do LinkedIn.

Encontros sociais em tempo real

Agora, mais do que nunca, as oportunidades de encontrar pessoas e conectar-se a elas no mundo real são importantes e valiosas para a sua habilidade de encontrar e fazer negócios com outros. Você não tem que entrar como se fosse uma reunião de antigos amigos de escola, ávido para apertar o máximo de mãos e conseguir o maior número de cartões de visita que puder no menor tempo possível, mas você *deveria* pensar em como isso se relacionará com sua estratégia de construir relacionamentos negociais que poderiam resultar em oportunidades de trabalho para você. Para este fim, algumas ideias:

- Conferências são ótimas (Eu as produzo para ganhar a vida, então, é claro que direi isso). Você consegue conhecer muita gente em pouco tempo e ao mesmo tempo, e fica por dentro de tópicos que são importantes para você. Verifique o Upcoming.org

---

203. http://notanemployee.com/

204. http://jeremyvaught.com/

e o Eventful.com para ver listas de conferências relacionadas à sua área.

- Faça cartões de visita com um bom visual. Os cartões que você mandou fazer na fotocopiadora do vizinho são pitorescos, mas eles me dizem de cara que você não está preparado. (Fui esse cara duas vezes no ano passado). E quando digo *bom visual*, quero dizer que "engenhoso" só parece interessante enquanto estou apertando a sua mão. Cartões que me dizem como contatá-lo e como podemos fazer negócio são incríveis. Forneça o número de seu celular, de qualquer maneira.
- Escreva algum conteúdo em seu blog nos dias que antecedem o evento para que quando as pessoas leiam seu cartão e vejam seu blog escrito em destaque nele (você sabia disso, certo?), elas irão verificar e perceber que você é a pessoa certa para contratar para aquele projeto de redesenhar o blog.
- Vá a mais lugares do que só conferências. Frequente encontros de mídias sociais, eventos locais, *meetups*. Não tenha medo. *Muita* gente nova aparece por aí. Se puder, encontre um usuário do Twitter ou um blogueiro, ou alguém que possa encontrar com antecedência. Construa o relacionamento *antes* de ir, e isso ajudará a controlar a ansiedade.

Mídias valiosas – vídeo e áudio

Se você tem tempo e inclinação, faça um podcast ou um videoblog sobre a área que você adora. Quer ouvir um ótimo podcast de marketing? Dê uma olhada no Marketing Over Coffee.[205] Eu contrataria

---

205. www.marketingovercoffee.com

aqueles dois sujeitos rapidinho para treinar uma equipe tradicional a fazer coisas novas. Quer saber sobre um ótimo treinador de desenvolvimento pessoal? Verifique o The Bigg Success Show.[206]

Vídeo? Gary Vaynerchuk[207] é ótimo para demonstrar autenticidade e ao mesmo tempo construir confiança em sua marca pessoal e negocial. Para ver outro ótimo exemplo, dê uma olhada no que Ben Yoskowitz está fazendo no Standout Jobs. Aprenda com eles.

Vídeo e áudio são ferramentas excelentes para construir uma experiência com sua audiência potencial. Eles dão às pessoas uma sensação de como você pode ser como pessoa. Mesmo *podendo* editar sua mídia para que você pareça educado e profissional, é mais um muro vindo abaixo que separava um não de um sim.

Alguns poderiam perguntar se isso deixa as pessoas expostas a uma possível discriminação. Absolutamente. Não tenho dúvida. Foi isso que impediu por muito tempo que o LinkedIn colocasse uma opção para fotografias no perfil, mas depois de um tempo a questão é se você quer colocar qualquer porcaria lá e dizer que está bom. A escolha é sua. Minha opinião? Eles vão conhecer você, mais cedo ou mais tarde, certo?

Ponto estratégico: dê para receber

No mundo dos freelancers, minha visão é que a melhor maneira de construir relacionamentos e fazer mais negócios é ajudar outras pessoas a fazer negócios. Isso não tem nada a ver com as mídias sociais. Tem tudo a ver com seres humanos. Se você é prestativo, e se vive dando ideias para as pessoas, ferramentas, opiniões e passando contatos que

206. www.biggsuccess.com

207. www.garyvaynerchuk.com

você acha que serão bons para elas, você provavelmente estará na cabeça de *alguém* quando surgir alguma coisa boa.

Parte disso entra na esfera de pensar sobre o "gratuito". Não seja tão ansioso para receber um pagamento por cada coisinha que faz. (Retratação: estou quase sempre sem um tostão, então talvez esse não seja um conselho financeiro sadio.) Acredito que existem muitas oportunidades de "longo prazo" por aí. É seu dever decidir quais irão acabar valendo a pena e quais você deve parar de fazer.

É este o meu sermão sobre "gratuito".

Por último, pergunte pela venda

Se você não está por aí *procurando* clientes, não resmungue se não tiver muitos. Não seja agressivo como uma barracuda, mas, por favor, se alguém está lhe cortejando um pouco na seção de comentários ou e-mails, pergunte se você pode ajudar aquela pessoa a fazer algo. Não é rude. Não é agressivo demais (tudo bem, talvez no primeiro contato, mas se vocês já vêm trocando e-mails, vá em frente).

Se você está dizendo que quer usar as ferramentas de seu blog e mídia social para conseguir negócios, peça por negócios. Prometo que os resultados irão melhorar no momento em que você superar este detalhe.

Resumo

Se você é um freelancer com esperança de usar as mídias sociais para arranjar trabalho, aqui está um breve resumo.

- Faça de seu blog sua fachada.
- Elimine todo material supérfluo contido nele.

- Escreva posts que estabeleçam sua experiência e habilidades na indústria.
- Escreva outros posts que promovam outras pessoas também.
- Contribua para além dos muros de seu próprio blog.
- Compareça a eventos em tempo real.
- Pense se quer acrescentar áudio e vídeo.
- Dê para receber.
- Ofereça seu produto.

Foi assim que construí o New Marketing Labs. Com a ajuda de meus sócios, Stephen e Nick Saber, e com minha equipe inicial, Justin Levy e Colin Browning, lançamos nosso site seguindo muitas dessas manobras. Ainda faço as mesmas coisas em meus negócios pessoais, www.chrisbrogan.com, e em minha nova empresa, a Human Business Works.

53

Gerando negócios a partir das mídias sociais

Quem está criando negócios a partir das mídias sociais? Os produtores de áudio e vídeo estão, em sua maioria, mal conseguindo sobreviver, fora alguns notáveis (vários dos quais estão sendo pagos por capital de risco). Os blogueiros estão ganhando dinheiro em vários níveis, dependendo de suas oportunidades de propaganda e/ou consultoria. Vou deixar a categoria entretenimento fora desta discussão por essa razão (mas sinta-se à vontade para colocá-la de volta na discussão). Então, quem está realmente criando negócios com as mídias sociais?

Os primeiros a se converter: propaganda, RP e marketing

Os primeiros a atuar com empregos remunerados nas mídias sociais foram as firmas de relações públicas e marketing. Por quê? Porque se você olhar mais de perto, as ferramentas são iguais: um meio para comunicar-se profissionalmente. Isso é errado? Creio que não, desde que não nos distanciemos do modo como essas novas ferramentas reumanizam a comunicação mediada pela tecnologia.

Usar as mídias sociais para publicidade viral é algo popular, porque é uma tecnologia barata e com poucas barreiras que permite às pessoas receberem a mensagem por diferentes canais. Vai durar? Não consigo ver por que voltaríamos a pagar 100 mil dólares por spot quando podemos criar e distribuir a mídia de graça, especialmente num momento em que o mundo também está migrando para esses novos métodos gratuitos.

Usuários de negócios

Não tenho certeza em qual departamento se encaixaria um praticante de mídia social corporativa *interna*. Gerenciamento de projetos faz sentido, porque, dentro do firewall, essas ferramentas facilitam a colaboração, as mensagens de status, o compartilhamento de dados e outras utilizações que funcionariam bem para facilitar projetos. O gerenciamento de produtos e o P&D também poderiam adotar as ferramentas, mas talvez não haja um papel predefinido para alguém que simplesmente sabe como usar as ferramentas.

Comparando as duas áreas mais prováveis

De um lado, temos os cargos óbvios: RP, marketing e propaganda. Do outro lado, temos um potencial papel para alguém dentro de empresas arrojadas que buscam usar as ferramentas internamente, OU, mais provavelmente, as ferramentas das quais estamos falando se tornarão lugar-comum e serão distribuídas para todos os funcionários.

O que faz mais sentido? De um lado, você tem uma montanha de empresas de comunicação esperando adaptar-se rapidamente. Do outro, você tem empresas que não estão tão motivadas a mudar seus processos internos. Haverá um ponto em que as empresas recolherão os braços externos que usam para alcançar seus clientes? Num mundo onde as empresas falam diretamente com seus clientes, com a mídia e com clientes em potencial, será que o negócio da comunicação se voltará para o nível interno?

Não necessariamente um negócio primário

Estamos todos pulando de empolgação com as mídias sociais e com o que essas ferramentas podem fazer por nós. *O que*, exatamente, essas ferramentas fazem por nós que se traduza diretamente em um negócio? Minha resposta: para muita gente, isso não acontece.

Tentar uma carreira na mídias sociais é como tentar uma carreira em e-mails. Em vez de fazer isso, use essas ferramentas para cultivar outra habilidade sua. Se você é vendedor, usa as ferramentas das mídia sociais para construir leads, compreender necessidades, divulgar seus produtos. Se você é um profissional sem fins lucrativos, já deve ter descoberto isso e, sem dúvida, use essas ferramentas para aumentar a consciência, levantar fundos, comunicação e outras coisas.

Em vez de focar em como essas ferramentas podem se tornar uma carreira, foque em como você pode equipar outros com essas ferramentas. *Este*, acredito, é o negócio a curto prazo. Mas tenha em mente que *será* a curto prazo.

54

Faça o design de seu blog trabalhar a seu favor

Tudo o que fiz no design do meu blog é intencional. Não estou dizendo que ele é perfeito, e certamente tem outras coisas que gostaria de fazer no futuro, mas quero compartilhar com você algumas reflexões sobre o design de blogs, começando com o meu, e depois mostrando algumas ideias de design de outros sites também. Por que o design do blog é importante? Porque você quer que o seu blog sirva ao propósito para o qual você o criou.

Primeiro, conheça o objetivo

O objetivo do meu blog é fornecer a você um corpo de trabalho sobre software social e as estratégias que o envolvem. Uma parte desse objetivo é a esperança de que meu trabalho ofereça um ponto de partida para você se aventurar sozinho. A outra parte do objetivo é informar às pessoas que precisam mais do que aquilo que postei que estou disponível para ajudá-las com suas necessidades específicas. O que você acha? Meu site cumpre meu objetivo?

Qual é o objetivo de seu blog?

Pense em um cabeçalho estreito

Quando estava criando o novo design do www.chrisbrogan.com, eu queria que o cabeçalho superior fosse bem fininho. Queria que você pudesse ver o máximo da minha página em vez de um enorme banner estático lá em cima.

Dê uma olhada no Copyblogger e no ProBlogger. Brian Clark e Darren Rowse me superaram nos cabeçalhos estreitos. Eles até têm funcionalidades junto com seus nomes nos cabeçalhos. Sites comerciais, como o TechCrunch e o GigaOM,[208] têm anúncios no alto, mas note como o GigaOM lida com os anúncios. Eles estão encerrados dentro do cabeçalho, economizando espaço. De alguma forma, esse design faz o anúncio parecer menos óbvio. Você?

Sua página "sobre" é importante

Minha página "sobre"[209] começa com uma foto minha. (Quero minha foto atualizada, sempre, porque isso ajuda a me localizarem nas conferências.) A página também fornece uma biografia que informa as minhas paixões. Se você olhar mais a fundo, minha página "sobre" também dá sugestões com relação a como você pode trabalhar comigo. Quero que você pense o tempo todo em que a lê: "Poxa, olha! Eu estou no mercado para alguém ajudar minha empresa a descobrir nossa estratégia de mídia social e o Chris faz isso!". Isso não é acidental.

A página "sobre" de Valeria Maltoni[210] tem um ar até mais profissional. (Estou fazendo anotações agora.) E ela usa uma foto para garantir que sabemos quem ela é.

A página "sobre" de Brian Clark[211] no Copyblogger começa com a

---

208. http://gigaom.com

209. http://chrisbrogan.com/about

210. http://conversationagent.typepad.com/about.html

211. www.copyblogger.com/copywriting/

essência do blog, depois fala sobre ele, e a mensagem reforça que seu blog é sobre trabalho, não sobre ele.

Qual é a cara da sua página "sobre"? O que mais eu ficarei sabendo sobre você e seus objetivos através de seu blog?

Suas barras laterais

Barras laterais são minha diferença. Quero que as coisas dentro delas sejam relevantes à experiência, úteis para o usuário e pertinentes para a informação em questão. Por isso, as três primeiras coisas em minha barra lateral são o link de RSS para a assinatura, o link para assinar meu informativo[212] (cujo conteúdo é diferente do conteúdo do meu blog) e um box de "receba este blog por e-mail". Por quê? Porque meu objetivo número um é ter você conectado a essa experiência de modo contínuo.

A maioria das barras laterais começam com as oportunidades de assinatura. Notei que o Copyblogger, o ProBlogger e o Conversation Agent mostram o RSS da contagem de assinantes. Não tive isso em meu site por algum tempo, mas depois percebi que ele tem um valor: ele mostra que mais do que uns poucos gatos-pingados consideram o seu site útil para informação. Não pense que terá que esperar até ter 10 mil assinantes para colocar esse botão, e não se sinta estranho se tiver somente 100. Mais do que dois já é bom. (Nota: levei oito anos para conseguir meus primeiros 100 assinantes.)

Com ou sem anúncios?

Você certamente usa o seu site para anúncios. Algumas pessoas o fazem com muito bom gosto. Para mim, o problema começa quando

---

212. http://chrisbrogan.com/newsletters

você carrega sua página com tantos anúncios que não consigo mais ler o conteúdo com facilidade, e Deus o livre de me fazer clicar em alguma coisa que não sei que é um anúncio. Fazer spam com seu público é desagradável.

Os sites deveriam ter anúncios? Claro. Por que não? Mas seja claro sobre suas intenções e tente ao máximo fazer somente os anúncios pertinentes ao seu público.

Qual é a sua opinião?

Com ou sem blogrolls?

Alguns sites têm um blogroll (onde as pessoas podem ver todos os outros blogs que você apoia ou não apoia). É uma preferência pessoal.

Você o usa? Recebeu comentários positivos ou negativos sobre ele?

Fontes e cores do texto

Gosto de blogs legíveis. Gosto de designs artísticos, mas também quero que as pessoas consigam lê-lo. Quando dei uma pesquisada, encontrei uma verdadeira mistura que as pessoas usavam em seus sites, tanto em fontes quanto nas cores. Prefiro uma fonte serifada (as letras com partes curvas), enquanto outros preferem sem serifa (um visual mais moderno).

Fotos, vídeo e a mídia valiosa

Adoro blogs de vídeo. Adoro blogs de fotos. No meu caso, uso meu blog de diversas maneiras, então eu o considero um blog de texto com fotos, ou um blog de texto com vídeo. Se o seu é específico para algum desses propósitos, você poderia pensar em designs que realcem seu propósito principal.

Se você está blogando em texto, pense em usar fotos e vídeo. Eles acrescentam algo à experiência de um leitor. Você vai notar que eu sempre coloco uma foto ao lado dos meus posts. Uso a vasta coleção do Flickr de fotos licenciadas no Creative Commons criadas pelo mundo para serem usadas com créditos apropriados. (Saiba mais sobre o assunto no site Creative Commons do Flickr.)[213]

Resumo

Para resumir, o que eu quero que você leve em consideração quando pensar sobre o design de seu blog é:

- Qual é o objetivo de seu blog? O seu design atende a esse objetivo?
- Pense em um cabeçalho estreito.
- Faça a sua página "sobre" ser útil.
- Mantenha sua barra lateral funcional.
- Se você tem anúncios, que sejam de bom gosto e não atrapalhem.
- Pense em como os blogrolls afetam o seu design.
- Suas fontes e a cor delas ajudam os leitores?
- Você deveria acrescentar fotos e vídeo ao seu blog?

Sinta-se livre para compartilhar designs que você considera funcionais na seção de comentários de meu blog, no http://chrisbrogan.com/comments-from-101, e podemos falar sobre o seu blog também se as pessoas quiserem compartilhar.

---

213. http://flickr.com/creativecommons

55

Passos iniciais nas mídias sociais para o ramo imobiliário

Uma retratação logo de cara: Não estou no ramo de imóveis, então escreverei sob a perspectiva do que tenho observado e do que poderia ser útil. Alguns profissionais do ramo de imóveis podem consertar o que eu digo em seus próprios blogs, e provavelmente se darão melhor. Mas por que eu deixaria uma coisa tão simples quanto a inexperiência impedir-me de compartilhar minha opinião?

Mostre-me a casa

A primeira coisa, e a mais óbvia, que eu acho que o mundo dos imóveis pode (e deve) fazer é comprar filmadoras e gravar suas andanças. Você não precisa ser profissional. Você só *tem* que saber como não fazer algo parecer horrível, mas isso só acontece praticando.

Pegue uma filmadora

Se você ainda não tem uma filmadora, aqui estão algumas ideias:

- A maioria das câmeras fotográficas gravam vídeo, e isso é o suficiente.
- A câmera Flip é a mais fácil e sempre a mais barata câmera de vídeo para usar.

- Os novos modelos Zi8 da Kodak (e similares) têm mais flexibilidade do que a Flip, mas, em compensação, são um pouco mais complicados.

Edição

Agora, para fazer a coisa *de verdade*, você tem duas opções: aprender a editar de modo fácil no iMovie (Mac) ou no Windows Media Maker (PC), ou pagar alguém para editar o que você grava. Os benefícios da primeira opção são que você pode editar quando precisar e só gasta o seu tempo. Os benefícios da última são que os profissionais de edição são bons no que fazem, pouparão seu tempo e saberão o que fazer a seguir. O contratempo de contratar alguém é que custa dinheiro e você não tem controle quando os arquivos retornam, dependendo de quão profissional essa pessoa é.

Postando o vídeo

O último passo para publicar um vídeo é encontrar hospedagem para ele de modo que você possa incorporá-lo ao seu blog. O YouTube faz sentido por dois motivos. Primeiro, é fácil e a maioria das pessoas sabe navegar nele. Segundo, ele se torna o segundo mercado para seus imóveis se você acrescentar legendas que mostrem como contatá-lo.

Maneiras como seu blog pode ajudar

Primeiro, blogar sobre certas propriedades que você espera vender dará um óbvio retorno em potencial, mas que pode ser limitado. Em vez disso, pense no que os compradores e vendedores gostariam de saber, e o que eles gostariam de saber sobre você. Você provavelmente vai pesar essa informação mais para o lado da venda, e tudo bem, então faça do seu site um ótimo lugar para falar de coisas como dar uma boa primeira impressão ao imóvel ou como retirar o excesso de coisas para que ele apareça mais. Ofereça às pessoas as ideias que acrescentaram milhares de dólares ao preço das casas de seus clientes.

Testemunhos

As pessoas são muito reticentes em pedir testemunhos. Não seja. Peça. Peça aos clientes com quem você teve uma ótima experiência para comentarem. Quer provocar um pouco? Disponha-se a postar comentários negativos de alguém junto com os deles, e não fique na defensiva. Ao contrário, agradeça-lhes.

O tempero secreto

Como criador de mídia, você pode fazer coisas que irão melhorar a impressão dada por um novo imóvel. Você pode gravar um vídeo do bairro, acrescentar fotos no Flickr de alguns pontos atrativos da cidade, gravar depoimentos em áudio sobre a cidade. Você pode imaginar o impacto que isso teria? Você tem o potencial para tomar uma casa com aparência normal e demonstrar o valor da localização dessa casa através da mídia.

Todo mundo vai dar atenção? Não. Você conseguirá atingir mais gente? Aposto que sim.

56

Como os corretores demonstram a comunidade?

Através de uma conversa no Twitter, topei com o Life in Bonita Springs, um blog de Chris Griffith (também conhecida como @Twitterzilla). O primeiro post que me chamou a atenção era um linda foto de uma área pública[214] chamada Coconut Point, com um cão bem pequeno em primeiro plano. O post era sobre um encontro exclusivo para cães pequenos. Nossa, pensei. Aqui está algo que você não vê todo dia.

O ramo de imóveis pode se beneficiar muito com essas ferramentas

Existem muitas maneiras de utilizar as mídias sociais, mas olhem para o ramo de imóveis. Se o seu emprego é vender a comunidade, você pode fazer muitas coisas. Criar um videoblog de entrevistas com pessoas da comunidade que você está tentando vender. Construir uma página de eventos ou um site da comunidade onde as pessoas possam se reunir, compartilhar suas histórias, postar eventos e expressar-se. Tirar montes de fotos e colocar no Flickr, explorando a melhor arte comunitária, assim como alguns de seus melhores imóveis.

Como tudo isso se amarra?

Se estou lendo um blog de comunidade ou de imóveis, como você me converterá de um leitor de blog a um comprador de imóveis? Quais

---

214. http://lifeinbonitasprings.com/a-little-something-at-coconut-point-today/

são as maneiras certas de me converter delicadamente? Por exemplo, no blog de Chris Griffith, noto que a barra lateral tem meios de me conectar com ela. Se sou um assinante de RSS, não verei isso nunca, e não há nada no post que me conecte a alguma transação comercial.

Isso é ótimo se o único objetivo é manter as pessoas inteiradas do que acontece na comunidade, mas se o outro objetivo do blog é vender imóveis, existe uma maneira de me converter delicadamente?

Você não deveria?

57

Passos iniciais nas mídias sociais para o ramo de entretenimento

O Twitter me trouxe um presente muito especial, há um ou dois meses, na forma de Grace Nikae.[215] Ela é uma pianista concertista que está explorando o uso das mídias sociais para construir relacionamentos com seu público e fãs de música. Ao imaginar como eu aconselharia uma profissional do entretenimento a usar as mídias sociais, duvido que pudesse encontrar alguém mais decidido a incorporar as mídias sociais do que Grace. Vamos explorar um pouco o assunto.

Blogue nos bastidores

Grace tem um ótimo blog chamado Stretching Intervals,[216] que é uma mistura perfeita do que acontece nos bastidores e informações sobre como é ser uma pianista. Ela escreve posts dignos de serem publicados como artigos nos melhores jornais, e ainda assim eles são muito acessíveis e fáceis de ler.

Ao blogar o que se passa em sua mente, Grace oferece um vislumbre do que é ser um profissional criativo e atarefado para seus fãs, aspirantes a pianistas, mulheres profissionais e quem mais quiser saber.

---

215. http://gracenikae.com/

216. http://stretchingintervals.gracenikae.com

Compartilhe um pouco

Grace fornece links para seus vídeos no YouTube, para fotos no Flickr e para outras pequenas informações em todo o seu website. Isso dá uma ideia de quem ela é, seu estilo, e uma olhadela no que você está perdendo se não for aos seus concertos. É claro que existe uma loja e outras coisas que se esperaria de um profissional da música, mas se você a culpar por isso, seria louco. Depois de assistir e ouvir seus vídeos no YouTube, pretendo comprar seu primeiro álbum solo, *Fantasies*.

Amplie os limites

Grace também mantém perfis no Facebook, no MySpace, no Twitter e em alguns outros sites sociais, e embora seja um pouco desafiador manter tudo isso, eu já a vi conversando no Twitter e recebi diversos comentários atenciosos em meu blog. Ela está conseguindo encontrar um pouco de tempo para desenvolver alguns pensamentos e conversar com pessoas que estão bem distantes de seu mundo de pianista.

Isso será frutífero? Suponho que Grace terá que nos dizer em alguns meses se toda essa atividade nas mídias sociais lhe proporcionou uma experiência diferente do que antes de começar a usá-las.

Para os que trabalham com entretenimento

Músicos e humoristas sabem que o MySpace é um lugar interessante para encontrar novos públicos, construir uma comunidade e promover suas performances. Dane Cook alavancou sua carreira graças, em boa parte, aos mecanismos do MySpace. O Facebook não é tão eficiente para o ramo, mas sei que mais gente está começando a experimentá-lo.

O Twitter? Não está exatamente pululando de celebridades, mas gente esperta como Grace Nikae está experimentando, então veremos em breve o resultado. Meus conselhos?

- Faça essa mídia social você mesmo. Não use um assistente.
- A comunicação é uma via de mão dupla. Informar sua agenda, sem querer, não vai granjear-lhe amigos.
- Dê aos outros o mesmo espaço que dá para você mesmo.
- Revele alguns lances dos bastidores.
- Compartilhe algumas coisinhas.
- Não se perca no meio de tudo isso, pois seu verdadeiro produto é a sua performance.

Temos muitos artistas talentosos e iniciantes em nosso meio, muitos dos quais já usam essas ferramentas com grande eficácia. Isso está causando algum impacto em suas carreiras? Será que essas ferramentas irão beneficiar as estrelas consagradas tanto quanto beneficiam aqueles que têm um apelo intrínseco para o cenário das mídias sociais? O tempo dirá.

58

Passos iniciais nas mídias sociais para empreendedores

Eu tendo a falar sob a perspectiva de um usuário de tecnologia, mas estou escrevendo isto para pessoas que desejam usar novas ferramentas, juntar-se à cena do software social. Adoro empreendedores e gosto da ideia de construir coisas novas e incríveis. Mas insisto que você pense sobre este espaço também.

Se você *não* está construindo uma rede ou plataforma social, continue por aqui. Quero que *você* conte suas ideias para as pessoas também.

As plataformas que estamos usando

Não irei listar cada ferramenta das redes sociais e das mídias sociais, mas quero que você entenda um pouco sobre *como* pode usar essas ferramentas, então, mencionarei algumas.

- Facebook. Não é mais só para crianças. Os adultos que conheço usam esse serviço para basicamente a mesma coisa: conectar-se com pessoas que eles já conhecem e fazer alguns contatos novos.
- LinkedIn. A melhor rede social de negócios. Está ficando um pouco mais interessante devido ao seu stream de status e seu novo visual.
- Twitter. Nem todo mundo está aqui, mas temos mais gente do que o Pownce e o Jaiku. Por quê? Não porque seja melhor. É só porque continuamos lá: é simples e supre muitas necessidades.
- Flickr. Estamos compartilhando fotos no Flickr e no SmugMug.

- YouTube. Estamos compartilhando vídeos no YouTube, no Blip.tv e em alguns outros lugares menores.
- Digg. Estamos recebendo notícias do Digg, do Reddit e do SlashDot, e existem muitos novos *upstarts* para nichos específicos. Parece que gostamos desses sites porque eles deixam a multidão votar no que vale a pena noticiar para os Estados Unidos como um nicho.

Esses são alguns dos que nos interessam. Você certamente vai querer acrescentar lugares e ferramentas na seção de comentários de meu blog em http://chrisbrogan.com/comments-from-101 para que eu possa mencioná-los também.

O mercado no geral

Eu diria que a barreira para que eu participe de uma nova rede social está ficando cada vez maior. Se você está fazendo uma rede de negócios, eu já estou usando o LinkedIn. Se você está construindo um lugar para os amigos se conectarem, o Facebook, por mais chato que seja, ainda dá conta disso satisfatoriamente, e o Twitter dá conta disso com louvor.

O que vem a seguir para as redes? Acho que o próximo passo (e isso já foi profetizado por Eric Rice[217] em algum lugar) é algo parecido com uma rede antissocial ou, mais precisamente, uma rede social profissional. Quer ver um exemplo de primeira? Dê uma olhada no Sermo,[218] uma rede social para médicos. Conheci Daniel Palestrant, o fundador, recentemente, e ele é um cara esperto. Ele tem um ótimo produto e sabe disso.

E quanto às ferramentas?

---

217. http://ericrice.com

218. www.sermo.com

As ferramentas das mídias sociais

Existem muitas experiências se sobrepondo neste momento. Por exemplo, existe todo um espaço de informação sobre agregação social, mostrando várias tendências. Para busca, existe o Lijit, para agregação existe o FriendFeed, e depois existe uma dúzia de variações sobre o tema. Verifique o site de Louis Gray[219] para conhecer montes de aplicativos desse tipo.

Há o BlogTalkRadio e o Utterli oferecendo experiências telefone-para-podcast com pegadas diferentes. (Gosto das duas empresas, e ambas estão cheias de gente ótima.)

Em matéria de softwares para blogar e plataformas de conteúdo temos o WordPress, o Drupal, o Tumblr, o Blogger, o Joomla,[220] o TypePad, o LiveJournal,[221] o Posterous e mais um milhão de oportunidades.

As ferramentas são *muitas*. Então, qual a barreira para entrar em mais uma ferramenta ou rede?

Alta. Desafiadora. Difícil.

O que fazer com tudo isso

Construa a sua própria linha de discagem. Use essas ferramentas para construir plataformas de conversa e para falar com as pessoas sobre o que é importante para você. Essa é a verdadeira graça. As ferramentas são só o que precisamos para avançar. O que realmente conta é o que fazemos com elas.

---

219. www.louisgray.com

220. www.joomla.org

221. www.livejournal.com

59

O atendimento ao cliente precisa de novos canais... Precisa?

Michael Arrington abre sua discussão[222] compartilhando como o Comcast respondeu mais depressa às suas reclamações no Twitter do que aos seus telefonemas para o atendimento ao cliente. Se eu não dissesse mais nada e apertasse "publicar", um dono de empresa deveria pelo menos levantar a sobrancelha e perguntar: "Onde estão meus clientes? Eu tenho postos de escuta e resposta?".

O atendimento ao cliente por telefone existe porque a maioria das pessoas, na maioria dos países, usa e tem acesso a um telefone. Mas os seus clientes usam o telefone como primeiro meio de contato? Eles usam e-mail? Onde eles estão? O que eles estão usando para se comunicar com rapidez?

Nos anos 1990, trabalhei no departamento de atendimento ao cliente e acabei me tornando gerente dos 411 escritórios da companhia telefônica local (que lidam com chamadas de auxílio à lista). Tenho cerca de seis ou sete anos de experiência na linha de frente e gerenciamento dos serviços ao cliente, então entendo do tempo de ligações, equilíbrio de custos, e todo o resto.

Mas será que existem maneiras mensuráveis, de baixo custo e flexíveis com as quais você poderia melhorar seus canais de atendimento

---

222. www.techcrunch.com/2008/04/06/comcast-twitter-and-the-chicken-trust-me--i-have-a-point/

ao cliente, investigando e compreendendo onde seus clientes estão gastando tempo e energia on-line? Com certeza.

Para todos? Certamente não. Mas eu poderia mencionar umas mil empresas que estariam melhor se tivessem alguém monitorando blogs, o Twitter e o Facebook do que reduzindo o tempo das ligações em um *call center*.

Escrevemos sobre isso mais detalhadamente em *Trust Agents*. Frank Eliason, o cara que começou o Comcast Cares usando o Twitter, provocou uma revolução. O gênio saiu da garrafa. O atendimento ao cliente mudou para lugares como o Twitter e se espalhará a muito mais plataformas antes de acabar. Isso causará estragos na métrica de seu atendimento ao cliente, nos planos de gerenciamento de seu *call center* e em tudo o mais. Mas é o modo como as coisas estão sendo feitas.

60

O que quero que um especialista em mídias sociais saiba

Muita gente está utilizando o termo *especialista em mídias sociais*. Esse termo fazia parte da página "sobre" de meu blog, mas agora prefiro dizer que oriento pessoas. É mais preciso, porque "especialista" é um termo um tanto passageiro neste momento. Com isso em mente, tenho pensado em coisas que quero que um suposto especialista saiba (e quero que você acrescente às próximas listas, ou me chame a atenção se discordar).

Estratégico

- A qual departamento você acha que sua função deveria ser incorporada.
- Como sua função se amarra com marketing, RP, publicidade, P&D, financeiro, RH, vendas.
- Que tarefas você esperaria que o gerente de uma comunidade realizasse, e como você as mediria.
- Como você espera que uma empresa se envolva na "conversa" e quais processos ocorrerão para que isso seja relevante.
- Como transformar posts de blog em leads de negócios.
- Como ouvir e descobrir onde as pessoas estão conversando sobre você.

- Maneiras de relatar sua escuta semanal e trabalho na comunidade para uma pessoa num nível superior em uma empresa enorme que tem cerca de dois minutos para ouvir seu briefing.
- Conheça umas cem pessoas no espaço que estão fazendo alguma coisa. Quanto mais diversificadas as profissões e localizações, melhor.
- Como lançar e operar uma campanha para contatar blogueiros.
- Como amarrar outras mídias com as mídias sociais de modo a fazer uma campanha integrada.

Tático

- Como instalar um blog (escolha o seu software) em um servidor hospedado.
- Como editar a barra lateral para incluir um *widget*, um *embed* ou qualquer outra coisa.
- Como criar, editar e postar pelo menos mais um tipo de mídia além do texto.
- Pelo menos cinco contas ativas em redes sociais, incluindo, mas não limitadas ao LinkedIn, Yahoo! Groups, Facebook, Twitter e YouTube.
- Como encontrar e assinar um podcast *sem* usar o iTunes.
- Cinco estatísticas que valem a pena saber para qualquer blog ou site.
- Como estruturar um post de blog de modo que os humanos *e* o Google gostem dele.

61

Sobre gerenciar uma comunidade

Gostaria de saber como a maior parte das organizações está lidando com o papel do gerente de comunidade. Tenho curiosidade de saber para quem um gerente de comunidade se reporta. Marketing? RH? Atendimento ao cliente? Queria saber como as organizações estão justificando seu custo, e o nível de esforço que eles acreditam que a função envolva. Como as empresas estão usando essa função, seja na direção que for?

Imagino que o papel de um gerente de comunidade seria diferente para cada organização, então vou perambular pelo que essa função poderia envolver dentro de uma empresa de mídia e eventos (como a minha[223]), e ver o que me vem à mente. Poderia fazer o mesmo para várias outras profissões, mas vamos começar por aqui. Quer acompanhar? Você pode me ajudar a refinar o assunto na seção de comentários de meu blog, em http://chrisbrogan.com/comments-from-101.

Estratégia

Minha estratégia para um gerente de comunidade seria cumprir o seguinte:

- Desenvolver um centro de divulgação para sua indústria (para que você possa ouvir e saber o que a comunidade, como um todo, sente).

---

223. http://crosstechmedia.com

- Construir uma comunidade com alcance de não comercialização que seja uma voz para sua organização na indústria.
- Envolver a comunidade que você abraça, e facilitar o aprendizado e a educação sob a perspectiva de sua organização e através de relacionamentos com outras organizações de confiança.

Estrutura de reportamento

Minha empresa é uma estrutura organizacional praticamente plana. Em meu escritório, um gerente de comunidade se reportaria a mim, como vice-presidente de estratégia e tecnologia. Por quê? Porque sou responsável por dar o tom, o visual e o estilo do conteúdo para todos os nossos eventos. Para mim, seu papel em minha organização seria o de me ajudar a aumentar a experiência com os clientes.

Deveres

Meu (ou minha) gerente de comunidade teria contas nas seguintes plataformas:

- LinkedIn
- Twitter
- Facebook
- Ning
- YouTube
- Google Reader

Ele teria responsabilidades como estabelecer rastreamentos e alertas para palavras-chave específicas de nossa indústria, assinar diversos blogs, podcasts e canais de vídeo da indústria, e assinar certas categorias de tópicos no YouTube.

Ele faria comentários nos blogs apropriados. Não sobre nossos eventos, mas sobre os tópicos em questão (os comentários teriam um URL de volta para o blog dele, para autopromoção nessa frente). Ouvir e comentar seria o grosso de seus três primeiros meses de trabalho.

Ele blogaria quando se sentisse confortável com o espaço.

Se decidíssemos construir uma comunidade no Facebook ou no Ning, ele ajudaria a facilitar boas conversas lá também.

Medições

Eu mediria o meu gerente de comunidade de acordo com:

- Capacidade de resposta às comunicações (comentários de blog, e-mails, mensagens no Twitter e threads de fórum) em menos de 24 horas, no máximo.
- Número de posts de blogs *de qualidade* lidos e compartilhados via Google Reader.
- Número de comentários significativos (mais do que algumas palavras, no contexto, pertinentes ao espaço) em blogs apropriados, vídeos e outras mídias por mês.
- Qualidade geral de seu stream do Twitter (talvez uma mistura 60/30/10 entre relacionados com a indústria, comentários pessoais @ e alheios ao tópico).
- Engajamento em nosso blog/comunidade/rede (número de assinantes, número de comentários, número de links para outros blogs do site de nossa comunidade).

- Número de posts de qualidade e posts de links (provavelmente 40/60, divididos entre originais e linkados, embora alguns possam defender 30/70).
- Por fim, número de links em outros sites para nossos blogs e mídia.

Sucesso do projeto

O gerente de nossa comunidade seria um sucesso se ele conseguisse o seguinte, através de seus esforços:

- Fortalecer a capacidade de nossa organização de ouvir as necessidades e desejos de nossa comunidade.
- Construir uma consciência de nossa organização através de esforços que não envolvam marketing, mensurados por menções favoráveis ou pelo menos não negativas em outros blogs, fóruns e no Twitter.
- Entregar um blog e/ou plataforma de mídia que seja útil à comunidade como um todo e que cresça em número de assinantes e em comentaristas envolvidos.

No total, acredito que esses esforços seriam medidos por um aumento no comparecimento a nossos eventos virtuais e presenciais, um aumento nas assinaturas de nosso informativo e um blog maior comentando a comunidade. Isso seria uma vitória para nossa organização e faria valerem a pena as despesas com outro funcionário assalariado.

62

Faça o seu perfil no LinkedIn trabalhar a seu favor

O LinkedIn é uma rede profissional construída em função da capacitação profissional de alguém. É sempre mencionada (penso que um tanto inadequadamente) como uma versão on-line de seu currículo. As pessoas (como Christopher S. Penn) que usam o LinkedIn de modo hábil serão as primeiras a dizer que esse serviço é extremamente menosprezado como lugar para desenvolver negócios, aumentar suas capacidades e promover seus projetos e oportunidades. Aqui estão algumas ideias para amplificar a sua presença no LinkedIn.

Escreva para ser lido

O primeiro show de horrores que vejo quando leio o perfil de outras pessoas no LinkedIn é que a escrita é completamente seca, como se somente robôs fossem lê-la. Embora você deva escrever tendo os robôs em mente, ainda se trata de uma rede humana, então escreva como se quisesse que alguém realmente lesse o seu perfil. Aqui está o primeiro parágrafo do meu resumo:

> Eu mostro às empresas como usar a tecnologia das mídias sociais para construir uma comunidade e alcance externos, e para a colaboração interna. Tenho mais de 10 anos de experiência com as mídias sociais e 16 anos de experiência no ambiente de computação empresarial. Misturo o conhecimento da mais moderna tecnologia com a compreensão da cultura corporativa.

Você consegue saber o que faço; você tem uma ideia do que espero que você exija de mim; você tem uma noção de minha singular proposta de valor para as empresas nesse sentido. Não é o melhor parágrafo já escrito, mas certamente ele é claro ao explicar meus interesses primordiais.

Faça o seu resumo explicar, de modo sucinto, por que alguém chamaria você para trabalhar. Se você não está seguro do porquê, isso já uma outra questão. Leia em voz alta algumas vezes para ver como ele soa.

Faça a descrição de seus trabalhos funcionar de duas maneiras

Quero que as pessoas que leem meu perfil vejam que estou bem empregado, que trabalho para uma empresa real e que minha empresa é capacitada em certas áreas. Se você trabalha para si mesmo, esclareça isso também. Não há vergonha em trabalhar sozinho. Mas esclareça que você escolheu construir um perfil para sinalizar suas habilidades profissionais, e escreva-o de maneira que as pessoas compreendam sua posição.

Ademais, certifique-se de que, quando as pessoas lerem a descrição de seu trabalho, elas pensem em como podem colocar você para trabalhar nos problemas delas. Afirmo a função primordial de minha empresa na primeira linha de meu cargo atual, para que as pessoas possam ver o que estou colocando na mesa, ao lado das minhas habilidades pessoais. Assim, a descrição do meu trabalho informa não só o que estou fazendo, mas também o que *posso* fazer.

As recomendações são suas amigas

Peço recomendações o tempo todo. Não tenho vergonha. Por quê? Porque quero que as palavras de outras pessoas norteiem a sua decisão de me escolher para as suas necessidades negociais. Quero que você não tenha que aceitar a *minha* palavra, e sim que saiba o que os outros têm a dizer. Não seja tímido com relação a isso, mas também seja bem realista quando pedir uma recomendação.

Não recomendo pessoas cujo trabalho profissional eu não conheça bem o suficiente para sugerir a um amigo pessoal e íntimo. Estou disposto a ser "amigo" de todos, mas só recomendo gente cujo profissionalismo eu possa comprovar.

Estratégias de conexão

O LinkedIn tem uma opinião oficial sobre contatar outras pessoas. Ele recomenda que você só contate gente que conhece bem pessoalmente. Fique à vontade para aceitar essa opinião do LinkedIn.

Aceito qualquer um que me contate e tive que recusar somente uma pessoa até agora, por ter abusado desse contato. Por quê? Porque na minha visão, expandir minha rede significa que *você* encontrará a pessoa que precisa buscando na minha rede e que eu, pelo menos em teoria, posso ajudar a encontrar a pessoa que você precisa para os seus negócios.

Sua opinião pode ser diferente. Farei do meu jeito, pois a maioria das pessoas que entram em contato comigo acaba perguntando como podem contatar alguém que acrescentei, e eu me sinto bem toda vez que posso ajudar.

Alguns pensamentos finais

- Verifique seus ajustes de contatos. Seja explícito sobre quem você quer que o contate.
- Pense em colocar uma fotografia.

- Use as características de grupos e encontre grupos onde você talvez queira contribuir.
- Participe da função Perguntas e Respostas para compartilhar sua experiência (é como uma propaganda gratuita, quando feita com bom-senso).
- Atualize pelo menos a cada três meses. Seu papel mudou. Certifique-se de que seu perfil reflita isso.

63

Desenvolva uma forte marca pessoal on-line: parte 1

Gary Vaynerchuk poderia afirmar que sua marca pessoal vale milhões, mas ele é modesto. Meu amigo e cofundador do PodCamp, Christopher S. Penn, comumente se refere a marcas usando uma definição de ZeFrank: "um gostinho emocional que fica" (veja o The Show com o episódio de ZeFrank[224]). Tenho algumas ideias sobre como você pode desenvolver uma forte marca pessoal on-line e o que pode fazer com ela depois de construí-la.

Por que construir uma marca pessoal?

Talvez você já saiba a resposta. Existem muitas respostas, na verdade, dependendo de você, de suas necessidades, da maneira como o mundo o moldou. Vamos analisar uma só resposta.

A resposta mais fácil é que você pode querer ser memorável e talvez queira transferir sua reputação do mundo real para o mundo on-line. Uma forte marca pessoal é uma mistura de reputação, confiança, atenção e execução. Você pode querer construir uma marca baseada na utilidade (o que espero que minha marca passe para você), no pensamento criativo (como Hugh Macleod), na realização de acordos (Donald Trump), no entretenimento (David Lee Roth) ou no que importar mais para você, *e o que você é capaz de sustentar.*

224. www.zefrank.com/theshow/archives/2006/08/082906.html

Uma marca pessoal lhe dá a habilidade de se destacar em meio a um mar de produtos similares. Em essência, você está vendendo a si mesmo como algo diferente do resto da matilha. Você precisa disso? Eu não sei. Você gosta de estar misturado à matilha?

Dicas sobre marcas em geral

Qual é a diferença entre a Coca e a Pepsi? O gosto é diferente, claro, mas o que a marca significa? Difícil, não? Ambas as marcas gastaram bilhões até agora nos dizendo que são diferentes.

De alguma maneira, o diferencial das marcas está no que você entrega. O que me diferencia dos outros pode ser o volume de conteúdo útil que entrego. Não sei ao certo. Diga-me você o que me diferencia. Minha resposta certamente seria diferente da sua.

O lado humano da marca

Em primeiro lugar, lembre-se de que ter uma marca não é desempenhar um papel. Seja você mesmo. Se estiver representando alguém que você não é, isso se tornará visível muito depressa. Gary Vaynerchuk é o mesmo sujeito na frente ou atrás das câmaras. Ele pode baixar o tom um pouquinho quando se reúne com novos parceiros de negócios, mas garanto que voltará a ser ele mesmo assim que alguém quiser conhecê-lo de verdade.

Em segundo lugar, você pode querer usar algum tipo de pseudônimo porque tem receio da internet e de perseguidores. Isso é ótimo, exceto que o ativo de sua marca não se estende a possíveis empregos, a menos que você viva explicando que tem uma identidade secreta. Como um sujeito que cresceu lendo histórias em quadrinhos, não tenho problemas com pessoas que criam identidades, mas lembre-se de que isso significa que o ativo não se transfere assim tão simplesmente.

Por fim, marcas são complexas, não têm uma dimensão só. Não tente ser uma experiência de uma nota só. A Madonna tem muito mais do que um elemento em sua marca. Guy Kawasaki também. Não reduza você mesmo a uma simples nota de rodapé. Seja complexo, exuberante e interessante. Mas tenha certeza de que você pode dizer a que veio em uma sentença fácil e que os outros tenham uma ideia do que você representa sem a sua ajuda. A Madonna é uma força criativa da emoção. Guy Kawasaki é um inovador e experimentador.

64

Desenvola uma forte marca pessoal on-line: parte 2

A tecnologia das marcas

Meu amigo Adam Broitman,[225] um estrategista da mídia interativa, chama o Google de um "sistema de gestão da reputação". Eu adoro. Em essência, o Google sabe o que é verdade, no entendimento dos incultos. Como o Google pode chegar a aceitar você como a autoridade em algo? Aqui está como:

- *Links entrantes de outras fontes.* Se alguém está indicando o link para o seu site, você deve possuir informações valiosas, especialmente se a pessoa que indica os links for importante.
- *Links externos para material de qualidade.* Isso é realmente mais por amor aos seres humanos, mas certamente ajuda a provar que você é uma presença animada.
- *Páginas agradáveis e pesquisáveis.* Se o Google pode adivinhar sobre o que você está falando em seu site, você deve estar tentando oferecer alguma coisa ao mundo.
- *Conteúdo constantemente atualizado.* O Google valoriza o que é renovado, e não o que é estagnado. (Assim como todos nós, não?)
- *Listado em diretórios.* O Google gosta de saber que você tenha submetido seu site para inclusão nos maiores mecanismos de busca e diretórios de sites.

---

225. http://amediacirc.us/

- *Qualidade mecânica.* O Google valoriza muitas outras coisas, como sites bem escritos que seguem padrões, e é preciso um pouco de conhecimento para entender todos eles. O Hubspot tem uma ferramenta gratuita chamada Website Grader que ajudaria a entender um pouco.

É isso o que importa para o Google e é assim que muita gente está pesquisando você. Mas fazemos isso para pessoas, porque são pessoas que tomam decisões. Vamos ver o que conta para sua marca pessoal tecnologicamente tendo pessoas em mente.

Parta de uma base principal

Antes de qualquer coisa, construa um site pessoal. Recomendo um blog, porque, por um lado, tem a habilidade de comandar mais atenção do Google e, por outro, porque você pode usá-lo para construir sua voz. Recomendo comprar seu próprio nome como domínio (verifique a lista de registro de domínios[226] do GoDaddy.com). Pode não ser sua base principal ou parte de seu plano maior, mas compre-o enquanto pode. Depois, se você tiver outra marca que queira promover como sua marca número um, compre esse nome também e crie um blog.

A estética e o design de seu blog dependem de você. Blogs bonitos não denigrem a opinião que os outros têm sobre o seu trabalho.

Mas temos que começar a pensar fora do blog também. Ele não trata só de você. Ou talvez trate, mas também trata de como você sai e viaja pela Web.

---

226. www.fatwallet.com/forums/hot-deals/725207

Crie algumas contas

Participar da Web atualmente exige que você crie algumas contas em várias plataformas. Eu as chamo de *contas passaporte* porque você precisa delas para visitar esses espaços virtuais. Aqui está uma breve lista de sites e motivos pelos quais você deveria ter uma conta neles:

- Contas Google – para você poder usar várias dezenas de aplicativos gratuitos pelo Google.
- Yahoo! Contas/Correio – para você poder usar várias dezenas de aplicativos gratuitos pelo Yahoo! e também aproveitar a conta Yahoo OpenID.
- Digg – site social de notícias.
- StumbleUpon – site social de notícias.
- YouTube – site de compartilhamento de vídeos.
- Flickr – site de compartilhamento de fotos.
- Upcoming.org – calendário de eventos sociais.
- Del.icio.us – bookmarking social.
- PayPal[227] – transferência de dinheiro on-line.
- eBay – site de leilões.
- Amazom.com – site de compras.

Este conselho não se encaixa perfeitamente na minha lista principal, mas tire algumas fotos de seu rosto para fazer avatares para as contas. O logo de sua empresa não é aceitável para mim. Quero uma foto de seu rosto para que eu possa identificar você em conferências e situações semelhantes.

---

227. http://paypal.com

Redes sociais a considerar

Existem muitas comunidades on-line, e todas elas têm redes sociais para fortalecê-las. Eu poderia listar cerca de cem lugares onde você poderia passar seu tempo, mas aqui estão algumas redes sociais básicas onde a sua presença poderia ajudar a desenvolver ainda mais a sua marca:

- Twitter. Se você não "entender" de imediato, tudo bem. A curva de aprendizado é cerca de 30 dias até você sentir que ele é indispensável.
- Facebook. Uso o Facebook como um posto avançado onde construo meu perfil, coloco links para o meu site e dou às pessoas um pouco mais de compreensão sobre quem sou e o que é importante para mim.
- LinkedIn. Essa é uma rede profissional. Não se deixe enganar pela aparência de "currículo". Escreva seu perfil como se uma pessoa fosse lê-lo. Seja interessante. Participe com a comunidade e você desenvolverá mais consciência e construirá um futuro mais sólido.
- Uma rede especializada. Se você tem um nicho ou gênero de interesse, encontre uma comunidade vibrante da área para participar. Adora fotografia? Entre para o Flickr. Interessa-se por música? Entre para a Blip.fm, para a Pandora.com ou para qualquer uma entre os milhões de comunidades legais de música.

O que muda da primeira rede para a nova rede é que você tem que estar onde as pessoas estão. Não depende tanto do seu site, mas de sua habilidade em participar onde as conversas estão acontecendo.

65

Cem Táticas para construir uma marca pessoal usando as mídias sociais

Você não é especial. Você não é um floco de neve, lindo e único. Você é a mesma matéria orgânica que todo o resto.

Tyler Durden, *Clube da Luta*

Criar uma marca pessoal em um ambiente on-line que pode ir do extremamente sofisticado ao mais popular é tarefa, no mínimo, difícil, e impossível se você esquecer de tomar suas pílulas da felicidade. Para isso, fiz uma breve lista de 100 coisas que você pode fazer para contribuir. Sinta-se livre para acrescentar suas ideias à seção de comentários do meu blog, no http://chrisbrogan.com/comments-from-101.

Se você gostar, por favor, não hesite em colocar no Stumble, no Digg, fazer bookmark, blogar, o que quiser, para promover esta lista. A propósito, esta é uma outra tática.

Ouvir

- Construa egobuscas usando o Technorati e o Google Blog Search.
- Comente com frequência (e com significado) nos blogs que escrevem sobre você e seus posts.
- Não se esqueça do esconderijo da conversa do Twitter (use o Summize.com) e do FriendFeed. Não deixe de ficar atualizado com relação a eles.

- Se tiver condições, compre ferramentas de escuta profissionais, como o Radian6 ou outros da categoria.
- Use o Google Reader para armazenar suas egobuscas.
- Use o Yahoo! Site Explorer para ver quem está se conectando ao seu site.
- Use ferramentas *heat map*, como o CrazyEgg, para ver como as pessoas se relacionam com o seu site.
- Escute outras pessoas de sua área. Aprenda com elas.
- Ouça as lideranças inovadoras de outras áreas e veja como suas ideias se aplicam a você.
- Não se esqueça dos podcasts. Verifique o iTunes e veja quem está falando sobre a sua área de interesse.
- Rastreie coisas, como o sentimento da audiência/comunidade (positivo/negativo), se quiser mapear os esforços e os resultados.

Base principal

- Base principal é o seu blog/website. Nem todo mundo precisa de um blog. Mas a maioria das pessoas que querem desenvolver uma marca pessoal precisa.
- Se puder, compre um domínio apropriado, fácil de lembrar e de escrever. Não seja inteligente DEMAIS.
- Um layout legal não precisa custar muito, mas mostra que você é mais do que um aventureiro das mídias sociais.
- Sua página "sobre" deve ser sobre você e o seu negócio, caso o blog seja de natureza profissional. No mínimo, ela deve ser sobre você.
- Garanta que seja fácil fazer comentários em seu site.
- Garanta que seja fácil as pessoas assinarem o conteúdo do seu site.
- Use fontes e cores fáceis de ler.

- Um site carregado de anúncios é um site que não estima seu público. Pense nisso.
- Preste atenção aos widgets que você usa em sua barra lateral. Não seja frívolo.
- O tempo de carregamento é decisivo. Teste o seu blog quando fizer mudanças para garantir que o tempo de carregamento esteja razoável.
- Registre o seu site nos maiores motores de busca.
- Cadastre o seu blog no Technorati.com.
- Use o Website Grader para garantir que seu site esteja bem construído perante os olhos do Google.

Passaportes

- Passaportes são contas em outras redes sociais e plataformas de mídia social. É uma boa ideia criar uma conta em alguns desses sites para ampliar a extensão de sua marca pessoal.
- O Twitter.com é obrigatório se você tem um público de mídia social. Ele também conecta você com outros profissionais.
- O Facebook e/ou o MySpace são redes sociais úteis onde você pode criar outposts (veja a próxima lista).
- Crie uma conta no Flickr para compartilhar fotos.
- Crie uma conta no YouTube para fazer uploads de vídeos.
- Crie uma conta no StumbleUpon.com para poder votar.
- Cria uma conta no Digg.com também para votar.
- Crie uma conta no Upcoming.org para promover eventos.
- Crie uma conta no Del.icio.us para fazer bookmarking social.
- Crie uma conta no WordPress.com para seus benefícios OpenId.
- Crie uma conta no LinkedIn para sua rede profissional.
- Crie uma conta no Plaxo para gerenciar contatos.

- Crie uma conta no Gmail.com para usar com o leitor, calendário, documentos e outros.

Outposts

- Crie outposts RSS no Facebook. Acrescente o Flog Blog e várias outras ferramentas RSS.
- Crie um outpost parecido no MySpace se a sua audiência estiver lá.
- Certifique-se de que suas mídias sociais estejam listadas em seu perfil no LinkedIn.
- Acrescente um link para o seu blog em sua assinatura de e-mail (isso ainda é um outpost).
- Certifique-se de que o seu perfil de redes sociais em todos os sites tenha o seu blog listado, não importa onde você tenha que colocá-lo para listá-lo.
- Certifique-se de que suas contas passaporte (veja lista anterior) apontem para o seu blog e sites.
- Use as redes sociais com respeito para compartilhar o melhor do seu conteúdo em um cenário apropriado para a comunidade.
- Não se esqueça de lugares como o Yahoo! Groups, o Craigslist e fóruns on-line.
- Um informativo por e-mail com alguns links para o seu blog constitui um outpost eficaz, especialmente se o seu público não é muito fissurado em tecnologia.
- O conteúdo de podcasts pode ter links para o seu URL e atrair atenção de volta para o seu conteúdo também.

Conteúdo

- Crie novo conteúdo regularmente, se não diariamente, pelo menos três vezes por semana.

- Quanto mais os outros puderem usar o seu conteúdo, mais eles o adotarão.
- Escreva textos breves com muitas pausas visuais que permitam às pessoas absorver o conteúdo.
- Imagens atraem a atenção das pessoas. Tente acrescentar uma imagem por post. (Não sei ao certo por que isso funciona, mas parece aumentar o nível de atenção.)
- Misture os tipos de textos que coloca em seu site. Uma mistura de entrevistas, dicas de como fazer, informações noticiosas e outras coisas podem ajudar a atrair mais atenção.
- Limite o número de posts "eu também" em determinados meses a não mais do que três. Em outras palavras, seja original.
- Os eventuais posts de "listas" costumam ser muito bons para atrair atenção.
- Escreva com paixão, mas seja breve (a menos que esteja escrevendo uma lista de 100 dicas).
- Pense em acrescentar áudio e vídeo à mistura. Um vídeo ocasional do YouTube estrelado por você acrescenta muito à sua marca pessoal, especialmente se conseguir parecer à vontade.
- A brevidade impera.

Conversas

- Comentar outros blogs aumenta a divulgação muito depressa.
- Quando mais valor tiverem os comentários, melhor refletirão sobre sua habilidade e seu caráter.
- Use suas ferramentas de escuta para permanecer ativo em discussões pertinentes.

- Tente não se gabar, nunca. Seja humilde. Não falsamente, mas de verdade, porque a maior parte do que fazemos não é tão importante quanto salvar vidas.
- Faça perguntas em seus posts. Fale com especialistas. Aprenda com a conversa.
- Seja confiante. Pedir validação externa é comumente visto como sinal de fraqueza.
- Boas conversas podem envolver muitos blogs, com links para mostrar o caminho.
- Tente nunca ser muito defensivo. Não seja um banana, mas esteja consciente de como se apresenta quando estiver se defendendo.
- Revele qualquer coisa que possa ser questionável. *Qualquer coisa*, e depressa!
- Não delete comentários críticos. Delete somente spam, posts com linguajar agressivo e material ofensivo. (Tenha uma política sobre comentários de blogs à mão, caso você entre no modo "deletar.")

Comunidade

- Lembre-se de que a comunidade e o mercado são duas coisas diferentes.
- Faça com que o seu site e seus esforços tratem, em boa parte, de outras pessoas. Isso acaba voltando.
- Garanta que sua comunidade o encontre facilmente.
- Contribua com os blogs e projetos de sua comunidade.
- Agradeça sempre às pessoas pelo seu tempo e atenção.
- Celebre informações importantes em sua comunidade (como aniversários, por exemplo).
- Seja humano. Sempre.

- Sua comunidade sabe mais do que você. Faça perguntas com frequência.
- Desculpe-se quando fizer algo errado. Seja muito sincero.
- Trate a sua comunidade como ouro. Nunca os sujeite a terceiros sem o consentimento de seus membros.
- Saber mais sobre as comunidades de seus concorrentes também é útil. Saiba quem visita, por que eles visitam e como interagem.
- Medir seus esforços para construir uma comunidade tem, como consequência natural, o crescimento de sua marca.

Cara a cara

- Tenha cartões de visita[228] simples, úteis e claros para compartilhar. Sempre.
- Seja confiante pessoalmente.[229]
- Roupas e aparência importam *mesmo*. Gostaria que não importassem, mas importam.
- Tenha uma breve introdução ou discurso de elevador e pratique-o com frequência.
- Faça perguntas sobre as pessoas que conhecer. Conheça-as.
- Não busque relacionamentos negociais logo de cara. Em vez disso, busque áreas de interesse comum.
- Saiba quando sair educadamente.
- Não tente conhecer todos dentro da sala. Conheça meia dúzia ou mais que sejam ótimos.
- Nunca duvide de que você vale a pena.

---

228. http://tinyurl.com/67e281

229. www.chrisbrogan.com/be-sexier-in-person/

- Se você é terrivelmente tímido, pense em achar um "copiloto" para eventos.
- Fazer a lição de casa com antecedência (encontrar os posts mais recentes das pessoas, pesquisá-las no Google etc.) ajuda você a se sentir "por dentro".

Promoção

- Use o Digg, o StumbleUpon, o Del.icio.us e o Google Reader para aumentar a percepção.
- Promova outros mais do que promove a si mesmo.
- Gabar-se não é útil para ninguém além de seu próprio ego.
- Linkar e promover outras pessoas é uma boa maneira de mostrar que você se importa com elas.
- Não coloque no Digg, no Stumble e nem linke absolutamente todos os posts. Guarde para os melhores.
- Outra ferramenta promocional: seja um blogueiro convidado em outros sites.
- Outra ferramenta promocional: faça vídeos no YouTube com links de URL.
- Outra ferramenta promocional: use as seções de status do LinkedIn e do Facebook.
- Tente ao máximo não enviar muitos e-mails autopromocionais. No lugar, embrulhe a sua autopromoção em algo de valor para os outros.
- Às vezes, simplesmente fazer um bom trabalho é o suficiente para os outros o promoverem. Experimente.

Existem tantas maneiras de chegar à reta final. Essas foram apenas algumas ideias que recolhi ao longo do tempo e que funcionaram, e outras que não. Experimente algumas. Tente algumas de cada vez. Sua opinião pode variar. Na verdade, ela vai variar mesmo.

66

Tópicos de blog para clientes B2B

Escrever para leitores empresa para empresa (B2B, de *business-to--business*) é só um pouco diferente do que escrever para clientes empresa para consumidor (B2C, de *business-to-consumer*). Se você parar para pensar, nos dois casos, *pessoas* leem os dois tipos de posts, então eles são essencialmente iguais. As diferenças aparecem no que é abordado e, às vezes, em como é abordado. Um motivo pelo qual é difícil escrever conteúdo B2B é que, às vezes, ele é muito mais seco do que um post para consumidor. Mas você não *precisa* ser seco. Aqui estão algumas ideias e tópicos.

O seu cliente está on-line?

Recentemente, conheci um sujeito que vende polimento brilhante para concreto. Não estou brincando. Ele deveria estar blogando? Claro, se a base de usuários dele estiver on-line. Se você acredita em estudos, eu diria que existem muitos clientes on-line que não sabemos que estão on-line. Verifique no Technorati a sua empresa, produto ou ramo da indústria em geral. Se você encontrar pessoas falando sobre você, pode ir pensando em se conectar e contar sua história também.

Dez manchetes sexy que você pode usar hoje

Tudo bem, não vou listar dez manchetes, mas a ideia está subentendida no título. Siga uma página do livro do Copyblogger e escreva manchetes tomando como modelo revistas dirigidas ao consumidor.

Elas chamam nossa atenção nas lojas e supermercados por alguma razão. Altere-as de acordo com suas necessidades negociais. Por exemplo, com algumas pequenas manipulações, "Cinco dicas de verão que ela precisa saber" se torna "Cinco dicas de reestruturação que seu centro de dados precisa agora". Fácil, não? Experimente.

Pense muito sobre o cliente/usuário

Comumente, conteúdo B2B é escrito para representar a empresa. Bacana. Só que a sua audiência, muito provavelmente, consiste de sua base de clientes e potenciais clientes. Por isso, escreva seus posts tendo em mente o uso do cliente. Pense no que ele vai querer saber e como você pode ser útil. Algumas ideias rápidas:

- Posts de "como fazer" sobre alguns dos aspectos mais difíceis de seu produto.
- Produtos pouco conhecidos de terceiros que funcionam bem com o seu produto.
- Como comparecer ao lançamento dos produtos (se for aberto ao público) e o que o cliente ganha com cada interação.
- Pequenas informações divertidas sobre o produto (Eu gostaria de saber se o Will It Blend? começou como uma brincadeira interna entre engenheiros).
- O perfil dos funcionários da empresa, especialmente se eles não estão diretamente relacionados com o produto.

Escreva sobre os seus clientes

Você pode fazer estudos de casos com seus clientes? Você ouviu alguma coisa interessante sobre o que eles estão fazendo, com ou sem os seus produtos? As pessoas adoram ver os seus nomes impressos. Por que não escrever sobre alguns de seus clientes favoritos e dar-lhes algum amor em seu post? (Bom, talvez você não deva chamá-los de *favoritos*, porque seus outros clientes vão ficar magoados.)

Compartilhe os tempos ruins

Isso pode ser contraproducente, mas seus parceiros de negócios podem, de vez em quando, gostar de saber quando as coisas estão difíceis para você. Admito que é complicado. Muitas partes de seu relacionamento profissional não são muito apropriadas para o horário nobre, e compartilhar uma fraqueza é delicado, mas caso seja um produto ou serviço publicamente conhecido, provavelmente é melhor revelar do que esconder. Se você quer bons exemplos de como lidar com suas preocupações de modo público, verifique o trabalho de Lionel Menchaca e sua equipe no Direct2Dell, o blog dos computadores Dell.

Responda à informação da indústria e notícias de tópicos

As pessoas estão lendo mais coisas além do seu blog, e elas provavelmente gostam de outros sites mais do que do seu blog. Mas você sabe quem o ama (ou deveria amar)? O Google. O pessoal do Google adora você tanto quanto adora o seu vizinho, mesmo que o classifiquem com base na qualidade de busca de seu site, no frescor de seu site e em uma dúzia de coisas que não mencionarei aqui.

Por isso, blogar tendo em mente informações de tópicos às vezes o suga para dentro dos motores de busca do Google. Se você está no ramo de telecomunicações, por que não escrever sobre o novo Apple iPhone, mesmo que você seja um concorrente? As mudanças que a Apple e, por extensão, a AT&T trazem ao espaço do consumidor devem tocá-lo de alguma maneira. Procure histórias na mídia tradicional que possam interessar os seus clientes B2B e escreva um artigo tangencial sobre elas.

Faça perguntas e solicite informações

Por fim, não deixe de comparecer perante o seu público com regularidade através de posts. Pergunte a seus leitores se o que você escreveu tem a ver com o uso que fazem de seu produto ou serviço. Pergunte-lhes o que mais gostariam de saber. Sinta o que está na cabeça deles. Você pode descobrir que as conversas que começam em seu blog, mesmo as negativas, são iluminadas, e você talvez obtenha informações que o ajudarão a melhorar seu produto, serviço ou até a própria empresa. Esteja aberto para tudo isso.

O que mais você poderia cogitar? Que perguntas isso levanta para você, como uma pessoa de negócios B2B? Se você é consumidor, me fale sobre um blog B2B que você desejaria que alguém escrevesse.

Escreva para seus leitores, mas conduza como um líder. Nunca permita que a comunidade fique entediada porque você está sendo falso. Fique atento a isso.

67

Iniciando uma estratégia de mídia social

Vamos discutir as partes e premissas de construir uma estratégia de mídia social. Lembre-se de que estes são somente alguns pontos de partida. Quando produzo documentos e planos estratégicos com clientes, costumamos iniciar com um pequeno córner de "necessidade", formatamos um objetivo para essa necessidade e então sugerimos vários caminhos que poderiam supri-la. Esses caminhos são as estratégias em arco. Depois, traçamos táticas adequadas a elas.

Comece tendo em mente o final

A estratégia não é o objetivo. É o caminho que você planeja seguir para chegar lá. Então, vamos delinear alguns objetivos, depois conversar sobre como construir uma estratégia para alcançá-los. Aqui estão alguns exemplos de objetivos. Sinta-se à vontade para contribuir com seus comentários no http//chrisbrogan.com/comments-from-101, caso eu não mencione os seus.

- Aumentar a base de clientes.
- Gerar leads.
- Conduzir as vendas.
- Construir reconhecimento.
- Ganhar dinheiro com o seu conteúdo.
- Estabelecer liderança inovadora.

- Educar os clientes.
- *Customer-source* como parte do desenvolvimento de seu produto.
- Atingir novos canais de clientes.
- Melhorar a comunicação interna.

Perguntas antes da estratégia

Antes de nos adiantarmos por um caminho, devemos fazer algumas perguntas:

- É provável que seus clientes estejam on-line? Note que muita gente está on-line hoje em dia, mas talvez você tenha um produto ou serviço que não é comumente adquirido através da Web. Qual é a sua história?
- Você está pronto para lidar com a negatividade? Plataformas como blogs e vídeos dão margem a comentários negativos, e a cultura de algumas empresas não está pronta para se envolver com essas opiniões.
- Como você irá incorporar isso no trabalho diário das pessoas?
- Como irá medir os resultados?
- Por quanto tempo vai experimentar?
- Está disposto a experimentar, correr riscos e ajustar seus planos?

As respostas para essas perguntas poderão dizer um pouco sobre a sua empresa, se você decide ou não ir em frente e construir uma estratégia usando as ferramentas das mídias sociais. Lembre-se, é muito mais fácil *não* ouvir os clientes e sair mandando suas mensagens sem ligar para como elas são recebidas.

Estratégias iniciais

Se vamos levar a cabo uma estratégia de mídia social, precisamos alinhar o caminho que iremos percorrer e desenvolvê-lo de forma a alcançar nossos objetivos. Para onde vamos? Como chegaremos lá? Vamos chegar lá. Como saberemos que chegamos? Simples, não? Vamos começar com o "como".

- *Ouvir.* Implemente pelo menos uma plataforma rudimentar de escuta. (Procure no Google para ver uma plataforma fácil e gratuita para começar.)
- *Comunicação.* Construa um lugar de base para promover suas conversas. Eu me refiro a uma plataforma de blog.
- *Métodos.* Determine a mistura de conteúdo que pretende criar e construa um fluxo de trabalho em torno dele.
- *Comunidade.* A maioria das estratégias de mídias sociais tem que tratar da comunidade e de como você vai abraçar as pessoas que busca reunir em torno de sua empresa.
- *Vizinhos.* Desenvolva um plano para atingir outras pessoas de sua comunidade a fim de comentar e compartilhar.
- *Outposts.* Desenvolva outposts de redes sociais onde você poderá se comunicar com outras comunidades e também compartilhar o caminho de volta para sua própria plataforma.
- *Mercado.* Se a sua estratégia envolve ganhar dinheiro, construa um mercado fora de sua comunidade. Mantenha-os separados.
- *Atenção.* Aprenda a promover consciência e estimular relacionamentos com a mídia que está fazendo.

O que vem a seguir

As estratégias devem estar amarradas com o negócio principal. Você pode ou não lançar programas pilotos, mas seus objetivos, suas missões, os recursos usados, a integração do projeto inteiro deve estar amarrada com o negócio principal. Construir icebergs que saem flutuando não é a maneira certa de implementar as mídias sociais na empresa. Ao contrário, pense em como usar o projeto como um piloto que pode abrir caminho; construa-o como algo "trivial" para começar e formule um plano para torná-lo "a coisa principal", e também um plano para "vamos esquecer aquele erro". Os três tipos de planos são importantes.

68

Estratégia para mídias sociais: o estágio de planejamento

Ao delinear os elementos de um plano, tive algumas surpresas. A primeira é que eu não havia pensado em uma fase ou projeto experimental como parte de uma estratégia. Pode haver elementos que você não esteja preparado para introduzir contra sua marca principal. Você pode querer testá-los de um modo menos direto. Outra surpresa foi que eu não havia pensado no treinamento necessário para recursos internos até ter uma conversa com Cynthia Closkey.[230]

O que vem a seguir é simplesmente a lista de elementos a considerar quando for construir uma estratégia de mídia social para sua organização. Eu a apresento para sua consideração, na esperança de você julgá-la útil para seus projetos e daí poder apontar coisas que me escaparam. Por favor, note que cada item aqui se ramifica em vários tipos de subcategorias e informações. Isso é só uma visão geral.

- *Pesquisa.* O incentivador das mídias sociais internas olha para o que seria possível (talvez lendo minhas coisas como um ponto de partida).
- *Tentativa ou plano completo.* Decidir se quer uma fase experimental, talvez sem o nome da empresa (por exemplo, as lojas Target

---

230. http://mybrilliantmistakes.com/index.php

fazendo um blog de sorvete sem nenhuma marca Target, só para experimentar a cultura de blogar).

- *Objetivos.* Sem um claro entendimento de seus objetivos para o programa, esses passos são inúteis.
- *Público-alvo.* Este blog é para clientes, colegas, companheiros de trabalho, mães, para quem?
- *Estado final.* Uma vez que esse projeto esteja em andamento, o que vai melhorar dentro da empresa?
- *Recursos internos.* Quem tem a responsabilidade (diversão?) de manter uma comunidade, criar conteúdo, ser um bom cidadão da mídia social?
- *Recursos externos.* Você contrata consultores, conselheiros, analistas para ajudá-lo com o lançamento? Você terceiriza a plataforma inteira, como o American Express ou o Fast Search fizeram?
- *Pontos de integração com estruturas operacionais existentes.* Se for um pequenino ramo sozinho, não viverá muito. Como você amarra o que essa pessoa está fazendo à organização como um todo?
- *Input da equipe.* Uma vez que você tenha seu plano, você o mostrará e pedirá opiniões internamente? Em caso afirmativo, ajude as pessoas a serem donas dele. Dê alças à suas ideias para que os outros possam pegá-las e apossar-se delas.
- *Estrutura de reportamento.* O responsável pelo projeto de mídia social é uma pessoa diferente do chefe do criador? Para onde vai a informação que é reunida? Quem precisa saber quando surge alguma coisa?
- *Treinamento.* Esse acaba sendo um passo importante. Como você lidará com ele?

- *Legal.* O projeto precisa ser abençoado pelo menos uma vez pelo departamento jurídico. Depois disso, cada passo do caminho se torna um obstáculo jurídico a ser vencido? Estou inclinado ao não, mas a sua cultura pode dizer o oposto.

Repito: existem muitas maneiras de chegar à reta final. Você pode acrescentar as partes que também gostaria de considerar; você pode remover as coisas que não quer discutir. Você pode moldar isso para se adequar aos vários tipos de empresas que tem em mente.

69

Estratégia para mídias sociais: alinhando objetivos e medições

Desde que comecei uma série de estratégias[231] para mídias sociais, venho trabalhando diligentemente para compreender o que acontece dentro do processo. Estou construindo uma estrutura que, quando completada, comprovará ser bastante útil. Ao longo do caminho, compartilharei um pouco do que estou aprendendo, de modo que você possa aprender junto comigo e, conforme espero, influenciar os resultados finais com seus pensamentos e ideias. Agora, falaremos sobre objetivos, estratégias e medições. Começamos com um objetivo específico da minha empresa, entramos em outro exemplo básico e depois abrimos a conversa para você.

Você não pode ter uma estratégia sem antes ter objetivos

A estratégia é, em essência, a dieta, mas o objetivo pode ser a perda de peso, o crescimento de músculos, a redução do colesterol, um problema de alergia. Não há uma fórmula única para tudo. Antes de saber qual dieta fazer, você precisa saber o objetivo.

Estratégia sem medição é inútil

Se você não está medindo os esforços para alcançar seu objetivo (Katie Paine[232] vai ficar orgulhosa de mim), como poderá ter certeza

231. www.chrisbrogan.com/starting-a-social-media-strategy/

232. http://kdpaine.blogs.com

que chegará lá? Medir a eficácia de seus esforços é vital para saber se você está fazendo progresso. Lembre-se de que as dietas (como as estratégias) sempre precisam de ajustes durante o caminho. São as medições que nos dizem isso.

Exemplos de objetivos, estratégias e medições

Vamos inserir algumas informações reais e conversar. Uso alguns itens que elaborei para minha própria empresa, a New Marketing Labs.[233]

- Objetivo: aumento da frequência em nossos eventos ao vivo.
- Estratégia: acrescentar componentes de eventos do Facebook e do Upcoming.org; blogar; convidar grupos de geeks locais. Talvez comprar anúncios no Facebook como teste, também, com target regional. Craigslist?
- Medições: acrescentar uma área "Como ficou nos conhecendo?" ao formulário de registro.
- Medições: verificar os logs de links de referência.

Isso é algo bem direto. A única coisa que não mencionei é algum tipo de estimativa de quanto acho que esses esforços podem aumentar o comparecimento. A verdade é que não estou bem certo. Eu deveria ter um número em mente? Anotarei um, mas não sei o quanto minha estimativa se aproximará dele.

Mesmo assim, o processo está lá. Identifiquei um objetivo: "Quero que mais gente compareça aos nossos eventos". Tracei algumas estratégias: "Coloque a informação sobre os nossos eventos em mais lugares".

233. http://crosstechmedia.com

E tenho algumas ideias sobre como fazer a medição: "Use a pesquisa on-line e links da Web".

De reserva, tenho o blog e duas outras estratégias. Mas quero começar com estas e ver se elas terão um impacto significativo sozinhas.

Outros objetivos, estratégias e medições

Existem muitas outras coisas que uma empresa pode fazer, além de outras abordagens. Vamos listar algumas e depois, se você tiver outras sobre as quais queira conversar, podemos abordá-las na seção de comentários em http://chrisbrogan.com/comments-from-101. Objetivo: aumentar os leads para o meu produto/serviço.

- Estratégia: construir tráfego no blog com links apropriados para o produto/serviço.
- Medições: rastreamento de links.

Simples e direto, certo? Creio que a estratégia deveria se aprofundar. Lembre-se de que "Se eu blogar, eles virão" não é uma verdade absoluta. É aí que as pessoas acabam caindo. Em vez disso, eu acrescentaria o seguinte à área estratégica:

- Aumentar o tráfego do blog acrescentando outposts (por exemplo, com indicação de volta ao blog via RSS) no Facebook, em fóruns afins, no LinkedIn e em outros lugares de encontros on-line pertinentes.
- Aumentar o tráfego do blog acrescentando ferramentas úteis para o seu público que podem gerar mais visitas que façam downloads (como um livro eletrônico, por exemplo).

- Aumentar o tráfego do blog usando sites de notícias sociais como o Digg, o Mixx e o StumbleUpon, onde apropriado.

Tendo três maçanetas para girar

Se você olhar bem, dividir seu objetivo, estratégia e medições significa que você pode olhar um pouco mais de perto para o *porquê*, o *como* e o *quão eficazes* são seus esforços de mídia. É bem simples, mas importantíssimo, analisar mais de perto o que você está fazendo.

Recebo muitos e-mails me perguntando como melhorar o tráfego de blogs de outras pessoas. Minha primeira resposta, quase sempre, é: "Qual é o objetivo do aumento de tráfego?" As pessoas que blogam casualmente ou só por diversão querem um fluxo maior, simplesmente. Mas as empresas esperam que mais tráfego no blog signifique mais vendas, mais envolvimento, mais alguma coisa que possa se traduzir em negócios. Nesses casos, nem sempre um tráfego maior no blog vai resolver o problema. Às vezes, é preciso construir um tráfego de blog mais eficaz, construir uma conectividade mais pertinente, construir um fluxo de processo mais sólido para trazer os leitores para o seu mercado.

70

Escrevendo e-mails que são respondidos

Escrever e-mails[234] parece ser um tópico recorrente para mim. Recebo cerca de 600 mensagens por dia no momento, e a maioria delas pede uma resposta. Alguns e-mails são respondidos mais depressa, alguns demoram dias. Aqui está a diferença (mais algumas ideias).

Uma decisão por e-mail

Parece contraditório querer reduzir o número de e-mails pedindo para as pessoas limitarem o número de perguntas em uma mensagem a uma por e-mail, mas percebi que o efeito é o oposto. Para explicar, pense no exemplo de sair para comer fora: a primeira mensagem é "Que dia é bom para você?"; a segunda é "De que tipo de comida você gosta?"; e a terceira, "Devemos convidar o Jay, mesmo sabendo que ele ri muito e atrapalha a nossa concentração?". Todas essas perguntas exigem um certo nível de tomada de decisão. O e-mail sobre qual dia (melhor resolvido com um telefonema) é diferente do que fala do tipo de comida, e os dois são diferentes do que questiona convidar o Jay (também provavelmente mais bem resolvido com um telefonema).

Nunca diga "pergunta rápida"

Digo isso porque o que se segue são de cinco a nove parágrafos explicando o motivo de estar fazendo aquela pergunta. Como se fosse

234. www.chrisbrogan.com/writing-more-effective-e-mail/

necessário todo o contexto. Quase sempre não é. Já escrevi a completos estranhos e usei menos de 200 palavras para expressar minhas necessidades e interesses. Na verdade, faço isso sempre.

Aqui está uma pergunta rápida.

De: Chris Brogan
Para: Você
Assunto: Você se inscreverá na PodCamp Boston 3?

Gostaria que você se inscrevesse na PodCamp Boston 3. Ela vai acontecer nos dias 19 e 20 de julho, na Escola de Medicina de Harvard. Penso que será a experiência mais poderosa e transformadora que você terá em mídia por um bom tempo.

Por favor, pense nisso: http://podcampboston3.eventbrite.com
Site principal da PodCamp Boston: http://podcampboston.org
Me avise se tiver alguma dúvida,
Chris

Seu arquivo de assinatura

Sou a favor de um arquivo de assinatura enxuto. Não quero ver muitas coisas penduradas no seu nome. Algumas pessoas usam isso como um patamar para propaganda. Lembre-se, mais de um chamado à ação comumente não resulta em nenhum. Escolha para onde quer que eu vá.

Bom: maneiras de contatá-lo on-line e off-line (nunca presuma que seu endereço de e-mail é óbvio, especialmente se a sua mensagem foi repassada por outra pessoa).

Bom: descrição muito breve de sua função e empresa (se for um e--mail profissional).

Bom: link para o seu blog ou site principal.

Ruim: todo tipo de marketing no final.

Ruim: links para todas as redes sociais a que você pertence.

Essa é a minha opinião, mas se você quiser formar a sua própria, preste atenção aos arquivos de assinatura nos próximos dias. Perceba o que chama sua atenção e o que é ignorado.

Dando prosseguimento

Com o volume de e-mails que recebo, algumas mensagens passam despercebidas por um bom tempo. Algumas pessoas conseguem dar um prosseguimento perfeito, garantindo, desse modo que responderei; outras fazem algo que praticamente garantirá que eu não responda o segundo e-mail. Aqui estão algumas coisas úteis em uma mensagem de follow-up.

- *Brevidade*. Devo saber que não respondi, mas a sua mensagem pode não ser tão prioritária. Só de ver o seu nome e as palavras "dando prosseguimento" no corpo da mensagem acima da cópia da última que você enviou costuma me chamar para a ação.
- *Resumo simples*. Talvez o seu último e-mail tenha sido enorme e com muitas exigências inerentes a ele. Se você resumi-las em algumas sentenças curtas, pode me fazer completar o trabalho.
- *Lembrete de prazos*. Muitos de nós trabalham em várias coisas ao mesmo tempo. Meu trabalho, em si, é desafiador, então quando você me pedir ajuda com uma entrevista ou algo parecido, um

pequeno lembrete de quando você precisa fazê-lo costuma me colocar na linha (principalmente se você me informar dois ou três dias antes do prazo final).

Não somente eu

Cada vez mais as pessoas estão ficando sobrecarregadas, e não escrevo essas sugestões e conselhos para ajudar a mim mesmo, pois tenho os mesmos problemas que todo mundo. Você pode ter lido algum conselho meu que queira que outros façam em seu nome. Se for assim, ótimo. Sinta-se à vontade para repassar a informação a amigos que realmente precisam seguir esses conselhos, com uma mensagem amorosa e cortês antes da informação.

E quanto a você?

Quais são suas ideias para melhorar o estado de sua caixa de entrada? Como poderia convencer as pessoas a escreverem e-mails que serão respondidos mais depressa?

71

Onde aprendo ainda mais

Dê uma olhada no ótimo artigo[235] escrito por Bill Rice aqui citado. Não sou um vendedor. Nem perto disso. Posso até aceitar o termo "desenvolvimento de negócios", mas isso nada mais significa do que "vendedor que não sabe fechar o negócio". E nós conhecemos os que sabem, não?

Conselho de Bill: "Perceba quando está só mudando as coisas de um lugar para outro e volte ao fundamental". É um conselho perfeito. Creio que o melhor acerca dele é que posso aplicá-lo à minha utilização das ferramentas de mídias sociais.

Saiba quando você está só mudando de um lado para outro

- Você está editando seus perfis e fotos em todos os seus sites sociais? Vale realmente a pena?
- Você está lendo o Twitter só porque não tem mais nada para fazer?
- Você vai assinar a próxima coisa que o atrair, só porque...?
- Você assinou blogs e podcasts demais?
- Você está focado somente nas suas coisas e não na comunidade como um todo?

---

235. http://bettercloser.com/2008/06/26/do-you-recognize-the-7-early-warning-signs--of-not-having-a-sales-plan/

Volte ao fundamental

- Mantenha hábito e ritmo estáveis e definidos.
- Seja claro com relação aos seus objetivos.
- Chupe cana ou assobie, mas não os dois.
- Faça o trabalho mais importante primeiro.
- Pare de reclamar (adorei este conselho de Bill).

Viu? Peguei isso de um post de vendas. Onde mais eu poderia encontrar influência? Onde mais você poderia? Fique atento para maneiras de aplicar o conhecimento de outras áreas ao que você está fazendo agora. Vai complementar o seu trabalho, eu garanto. O que você acha?

Leia o artigo de Bill para ter mais ideias sobre vendas e pense sobre como elas se aplicam a você.

72

O que *você* acha que as pessoas querem do seu site

O eterno pensador Jeremiah Owyang postou sobre o futuro dos sites corporativos.[236] Ele cita Kristie Connor e Christopher Smith, que venceram um concurso por suas tentativas de descrever a questão. É uma ótima questão. Eu recomendaria ler o post de Jeremiah e deixar um comentário nele, mas se você quer falar mais sobre isso, é um bom assunto.

As pessoas querem informação

Elas não querem marketing. Quando vou ao Staples.com, é porque preciso de um localizador de lojas ou saber o preço de um drive USB. Não me importo que me apresentem valores e promoções relacionadas com a informação que procuro, mas não quero ouvir uma grande mensagem promocional sobre o valor do plano de descontos para o verão.

As pessoas querem coisas simples

Quando visito o GM.com, tenho três escolhas logo de cara: informações corporativas, informações sobre automóveis e a "experiência GM" (seja lá o que isso for). Não é ruim, porque o site me encaixa bem

---

236. www.web-strategist.com/blog/2008/06/28/the-future-of-the-corporate-website--involves-people/

depressa, mas o problema é que o site é estático, e isso significa que existem poucas razões para que eu volte outras vezes.

As pessoas querem conexão

Quer saber qual é a mágica? As pessoas querem se sentir "vistas". Existem maneiras de fazer isso. Uma é algo que fazemos o tempo todo nos blogs: comentamos. Outra é através do uso educado (!) de *cookies* para lembrar que você gosta das coisas arranjadas de uma certa maneira quando faz uma visita.

Ademais, as pessoas gostariam de se conectar com as pessoas de uma organização não somente através de formulários, mas de todas as formas possíveis. Sabe quem faz bem isso? A Sun. Entre em http://blogs.sun.com e você verá que existem blogs para agradar a quase todos os gostos. Isso quer dizer que existem conversas a se realizar em muitos níveis. A Cisco e algumas outras grandes empresas de tecnologia estão fazendo isso. Será que as empresas de varejo e bens de consumo estão prontas para isso?

73

Músicos tocam em troca de gorjetas: a importância dos comentários

Enquanto escrevo este livro, mais de 35.300 pessoas recebem meu blog em seus leitores RSS (ou por e-mail). Além destas, entre 9 e 14 mil visitam o site diretamente, dependendo do dia e do post. Somados os dois números, podemos afirmar que cerca de 45 mil pessoas leem o meu trabalho diariamente.

Se 1% de vocês fizer um comentário, serão 450. (Sou ruim de contas. Calculei certo?) Um post médio em meu blog recebe aproximadamente respeitáveis 30 comentários, mas isso é só uma pequena fração das pessoas que recebem uma cópia de cada post. Isso me faz pensar sobre outros ótimos blogs que adoro.

Leio várias centenas de blogs por dia. Deixo comentários em uns cinco ou seis. Então, estou junto com vocês. Também não estou comentando muito. Mesmo assim, se tenho condições de deixar um comentário atencioso e decente, sei que a outra pessoa ficará contente. Às vezes, é um problema de tempo. Se for isso, aqui estão alguns modos de ajudar.

Se você não tem tempo para comentar

Faça um bookmark do post em um site de bookmarking social (para que outros possam encontrá-lo).

- Compartilhe-o no Google Reader.

- No FriendFeed, deixe um "*like*".
- Faça um Stumble no StumbleUpon.
- Se for muito bom, coloque no Digg.
- Deixe uma nota no Facebook.

Deu para ter uma ideia. Se você gosta de alguma coisa, mas não tem a oportunidade de comentar na hora, outra ótima maneira de ser prestativo é passar para outras pessoas de sua rede. É para isso que existem as ferramentas de softwares sociais, primordialmente: para facilitar essa mesma experiência.

Eu poderia listar, sem esforço algum, mais uns 100 blogs que merecem mais comentários. É provável que você também possa. Um deles pode até ser o seu.

Agora que estou pensando nisso, como é que Seth Godin sabe quando faz um golaço se ele desabilitou os comentários (ele tem suas razões)? Del.icio.us? Links? Hummm. Adoro os meus comentários. São sempre melhores do que o post e geralmente me dizem quando fiz um gol.

74

Cinquenta Maneiras de os marqueteiros usarem as mídias sociais para melhorar o seu marketing

As mídias sociais não são sempre a ferramenta certa para o trabalho. Nem toda empresa precisa de um blog. O YouTube funcionou para a Blendtec (Will it Blend?), mas poderia não funcionar para a sua empresa. Recentemente, falei com quatro *grandes* marcas americanas que estão avaliando as mídias sociais para um ou outro projeto, e existem muito mais por aí trabalhando na possibilidade de integrar essas ferramentas em suas necessidades negociais. Aqui está uma lista de 50 ideias (sem nenhuma ordem em especial) para ajudar a tocar a conversa. Nota: misturei RP e marketing. Eles deveriam voltar a se unificar.

1. Acrescente links de bookmarks sociais à suas páginas mais importantes na rede e/ou posts em blogs para melhorar o compartilhamento.
2. Crie blogs e ensine o marketing conversacional e técnicas para construir relacionamentos negociais.
3. Para cada projeto de vídeo adquirido, certifique-se de haver uma versão na rede para melhor compartilhamento.
4. Aprenda como os tags e outros megadados aumentam sua capacidade de buscar e medir o alcance da informação.
5. Crie podcasts sobre o espaço total de um produto, não somente sobre o produto.

6. Construa plataformas comunitárias em torno de comunidades reais de interesse compartilhado.
7. Ajude as empresas a participarem das redes sociais existentes e construa relacionamentos no território delas.
8. Avalie o Twitter como uma maneira de mostrar a personalidade de uma empresa. (Não fabrique isso.)
9. Junte o conteúdo de seu informativo por e-mail com o conteúdo adicional do site em um blog para melhorar os comentários.
10. Construa medições de opinião e escuta da Web como um todo para ver o que as pessoas estão falando de seus clientes.
11. Saiba quais blogueiros poderiam se importar com os seus clientes. Aprenda a medir sua influência.
12. Baixe o Social Media Press Release[237] (PDF) e decida quais partes você quer usar em seus press releases tradicionais.
13. Experimente uma pequena série de podcasts de áudio ou vídeo como marketing de conteúdo e veja como eles se comportam.
14. Construa mapas de conversas para seus clientes usando o Technorati.com, o Google Blog Search, o Summize e o FriendFeed.
15. Experimente com os grupos do Flickr e/ou YouTube construir mídias para eventos específicos. (A Marvel Comics melhorou minha impressão sobre isso com o grupo da estátua do Hulk[238] no Flickr.)
16. Recomende que seu pessoal inicie blogs pessoais sobre seus interesses pessoais, para saber de antemão como é, incluindo o gerenciamento de comentários e outras coisas.

---

237. www.shiftcomm.com/downloads/smprtemplate.pdf

238. www.flickr.com/photos/mikeoliveri/2616959344/

17. Delineie um projeto integrado que incorpore um blog, o uso de redes sociais comerciais e um evento presencial para construir leads e aumentar a consciência sobre um produto.
18. Inicie um grupo comunitário no Facebook, no Ning, no MySpace ou no LinkedIn em torno do espaço onde seus clientes fazem negócios. Por exemplo, verifique o que Jeremiah Owyang[239] fez para a Hitachi Data Systems.
19. Experimente o valor do vídeo ao vivo, como no Ustream.tv e o Mogulus, ou o Qik em um celular.
20. Compareça a uma conferência sobre mídias sociais, como a New Media Expo, Blog World Expo, Inbound Marketing Summit (revelação: promovo esta última junto com a Cross Tech Media) e dezenas mais.
21. Colecione estudos de casos de histórias de sucesso nas mídias sociais.
22. Entreviste praticantes das mídias sociais. Procure pontes entre os seus métodos e os deles.
23. Explore a distribuição. Você pode atingir mais potenciais compradores, usuários e/ou clientes nas redes sociais.
24. Não esqueça dos sites sociais mais antigos, como o Yahoo! Groups e o Craigslist. Eles ainda funcionam incrivelmente bem.
25. Pesquise o Summize.com para obter o máximo de informações que puder encontrar no Twitter sobre o seu produto, seus concorrentes, seu espaço.
26. Pratique a entrega de conteúdo de qualidade em seus blogs, de modo que os clientes se sintam esclarecidos, equipados e informados.

---

239. http://redcouch.typepad.com/weblog/2006/12/jeremiah_owyang.html

27. Analise o valor de contratar um gerente de comunidade. Essa função melhoraria o atendimento ao cliente? Melhoraria a retenção de clientes? Promoveria através do boca a boca?
28. Transforme o seu blog em um blogsite móvel com o Mofuse. De graça.
29. Procure saber que outras ferramentas gratuitas poderiam funcionar para construir uma comunidade (como o MyBlogLog).[240]
30. Assegure-se de oferecer o básico em seu site, como alternativa de e-mail para uma assinatura de RSS. Na verdade, quanto mais maneiras você usar para divulgar e distribuir seu conteúdo, melhor.
31. Investigue para saber se o seu produto vende melhor por recomendação ou por educação. Use wikis ou widgets para ajudar a recomendação; use vídeos e podcasts para educação.
32. Faça do WebsiteGrader.com a sua primeira parada para compreender a qualidade técnica de um site.
33. Faça do Compete.com a sua próxima parada para compreender o tráfego de um site. Depois, compare com o de seus concorrentes.
34. *Não* peça 40 tipos de informação quando estiver dando algo de graça. Em vez disso, recolha a informação aos poucos ao longo do tempo. Devagar.
35. Lembre-se de que as pessoas nas redes sociais devem estar lá há algum tempo, podem conhecer uma a outra e saber que você é novo. Avance com calma em território desconhecido. Não deixe de ir. Só vá com calma.
36. Ajude os clientes e potenciais clientes a conectarem-se com você de modo simples em suas várias redes. Pense no Lijit Wijit ou outro widget agregador.

---

240. www.mybloglog.com

37. Mecanismos de votação como os utilizados no Digg.com mostram aos seus clientes que você se importa em saber quais informações são úteis para eles.
38. Rastreie seus links entrantes e, quando eles vierem de blogs, não deixe de comentar alguns posts e construir um relacionamento com o blogueiro.
39. Encontre um punhado de blogueiros e podcasters cujo trabalho você admira e peça-lhes opiniões sobre seus projetos de mídia social. Deixe que eles vejam um pedacinho de alguma coisa ou ofereça alguma "recompensa" pelo tempo e trabalho deles (se for material, peça a eles que a revelem).
40. Aprenda tudo o que puder sobre como *não* promover nada junto a blogueiros. Recurso excelente: Susan Getgood.[241]
41. Experimente gravar entrevistas, press releases e outras informações em vídeo, a fim de construir relacionamentos mais personalizados. Não jogue fora o texto, mas experimente o vídeo.
42. Explore vários pontos de vista sobre o marketing nas mídias sociais.[242]
43. As mulheres estão agregando muito valor[243] às mídias sociais. Conheça as que estão se destacando. (E dê uma passada no BlogHer, como um evento a explorar.)
44. Experimente com diferentes extensões e formatos de vídeo. O vídeo "divertido, mas curto" é melhor do que o "longo e mais informativo"? Não pare na primeira tentativa. E tente

---

241. http://getgood.typepad.com/getgood_strategic_marketi/2008/07/batter-up--bad-p.html

242. www.techipedia.com/2008/social-media-marketers/

243. www.conversationalmediamarketing.com

mais do que uma plataforma de hospedagem para testar as características.

45. Trabalhe com praticantes e criadores de mídia para ver como eles podem usar suas habilidades para resolver o seu problema. Não tenha medo de montar programas pilotos em vez de mergulhar de cabeça logo de cara.
46. São as pessoas que propulsionam as mídias sociais. Aprenda a acreditar no valor delas. Parece meio hippie, mas é essencial.
47. Espalhe bastante as boas ideias. Blogue-as novamente. Faça o bookmark delas. Submeta-as à votação em sites sociais. Seja um bom cidadão.
48. Não tenha medo do fracasso. Esteja pronto para pedir desculpas. Admita quando errar.
49. Reexamine quem, dentro de sua organização, poderia se beneficiar de seus esforços com as mídias sociais. Ajude a equipá-los para aprender com o seu projeto.
50. Use as mesmas ferramentas que está experimentando externamente no uso interno, se fizer sentido, e aprenda como essa tecnologia fortalece a colaboração com sua empresa também.

Considere isso um começo. Você deve ter mais umas 50 dicas para marqueteiros e profissionais de RP que poderia acrescentar na seção de comentários de meu blog, no http://chrisbrogan.com/comments-from-101 ou blogando uma lista adicional em seu site. Sei que você tem ideias que não mencionei. Importa-se de compartilhar?

75

Os hotéis devem ter redes sociais?

Penso nisso o tempo todo. Quero redes sociais ligadas de modo solto para as ocasiões em que temos uma oportunidade de conhecer gente com os mesmos interesses. Quando visitei o famoso hotel Nikko, em São Francisco, há alguns meses, vi todo tipo de gente interessante no *lobby*. Nas conferências, fico sempre tentando adivinhar quais participantes do evento podem estar hospedados no meu hotel. Acho que pode surgir alguma coisa daí, mas tem que ser feita do modo certo.

Aqui estão algumas ideias. Você pode pensar nisso também? O que gostaria de acrescentar?

- *Opt-in*. Tem que haver um opt-in.
- *Níveis de privacidade*. Deveria ter um filtro de e-mail parecido com o Craigslist, mas depois incluir opções para revelar mais informações.
- *Monitoramento*. Suponho que restrições legais e boa comunidade exigiriam alguém para observar a comunidade.
- *Algum tipo de questionário*. Talvez fosse bom poder filtrar, como no LinkedIn, os motivos por que alguém iria querer me contatar, e depois decidir o que quero – se permito ou não.

Parece um bom começo. O que mais?

O que não fazer

Penso que aí existem algumas armadilhas também. Muitas maneiras de implementar de modo inadequado.

- Não exija processos de registro enormes. Facilite mais. Talvez somente o número do quarto, o endereço de e-mail (validado) e, depois, um perfil e opções.
- Vender algum espaço para publicidade não seria problema, mas anúncios demais não daria certo. Ademais, esse serviço deve acrescentar uns 5 dólares à sua conta, parecido com o aluguel de um filme.
- Não empurre nenhum programa para "solteiros". Você não quer ficar grudado no hotel. Bom, a menos que queira.
- Não permita que terceiros usem essa informação para vendas.

Algumas coisas legais

Bom, pelo menos acho que são legais. O que você acha?

- Arbitragem de mensagens de texto para permitir o acesso temporário a outros hóspedes que optarem pelo serviço durante a estadia (isso significa que você não troca números de celular – como no Twitter).
- Potencial para colaboração organizada pelos hóspedes. E se 14 músicos descobrirem que estão hospedados no mesmo hotel? Uma *jam session*?
- Oportunidades verdes, como dividir o transporte e/ou encontros recreativos.

76

Habilidades essenciais de um gerente de comunidade

Gerente de comunidade é um papel que mais empresas irão adotar nos próximos anos. Jeremiah Owyang fornece uma lista enorme[244] de empresas que já possuem esse profissional e, mais recentemente, ele deu às empresas cartões de pontos[245] para determinar se as *start-ups* deveriam ter um gerente de comunidade.

Conversei sobre o gerenciamento de comunidades e o que ele demanda. Discuti o que quero de um especialista em mídias sociais. Já cheguei a escrever sobre como podemos gerenciar uma comunidade de modo errado. Aqui estão algumas peças do quebra-cabeça que penso serem vitais para essa função e para a sua adoção por parte de muitas empresas.

As habilidades essenciais de um gerente de comunidade

Os melhores gerentes de comunidade operam como um anfitrião de uma boa festa misturado com um anfitrião de um bom restaurante. Faço uma distinção, porque uma festa é mais pessoal, e um restaurante exige que seu anfitrião pense com mente de negócios. Os gerentes de comunidade

---

244. www.web-strategist.com/blog/2008/06/20/list-of-social-computing-strategists--and-community-managers-for-large-corporations-2008/

245. www.web-strategist.com/blog/2008/07/16/scorecard-should-startups-have-community-managers/

precisam das duas habilidades em medidas iguais. O anfitrião de uma festa deve agregar as pessoas, receber de modo apropriado os convidados que chegam, envolver-se em conversas durante o evento e dizer adeus a todos com um sorriso e um aceno. Um anfitrião de restaurante deve garantir que o ambiente esteja perfeito, saber se a cozinha está funcionando corretamente e ajudar o resto dos funcionários a proporcionar a experiência de um jantar sem falhas. Misturar essas duas mentalidades é muito adequado ao gerente de comunidade de uma empresa.

Os gerentes de comunidade devem ser comunicadores experientes. Uma coisa que um comunicador precisa fazer bem é *ouvir.* Em parte, isso inclui construir sites e espaços comunitários de modo que as pessoas tenham um lugar para envolver você de modo direto, e em parte significa usar as ferramentas de escuta para compreender o que está sendo dito sobre você em outros lugares. Depois de ouvirem e compreenderem, os gerentes de comunidade devem se engajar com sua própria e autêntica voz, não com uma mensagem de marketing.

Os gerentes de comunidade são embaixadores e advogados em uma só pessoa. Isso é complexo, mas os gerentes de comunidade devem sua primeira responsabilidade ao seu empregador, embora devam expressar a voz das pessoas (clientes e outros agentes), de modo que a empresa compreenda totalmente o humor do mercado, as necessidades das pessoas e as intenções dos clientes. Ademais, os gerentes de comunidade devem compreender claramente a posição da comunidade no mercado e comunicá-la de maneira que os clientes não sintam que estão lhes dizendo o que fazer.

Os gerentes de comunidade são guarda-costas e protetores. Algumas comunidades têm má influência em seu meio. Um gerente de uma comunidade sólida compreenderá a diferença entre uma crítica oral e um ogro rabugento. Saber quando retirar alguém educada e rapidamente da festa é importante. O resto dos convidados apreciará. Mas certifique-se de reconhecer a diferença.

Os gerentes de comunidade devem produzir relatórios acionáveis. Não é suficiente enviar e-mails para a sua liderança, dizendo "Tivemos 54 comentários naquele último post do blog". Métrica e relatórios apropriados à sua organização são necessários para pesar o valor dos esforços. Compreender os objetivos da utilização que sua empresa faz das mídias sociais, especialmente o marketing de relacionamento, expressado pelo fato de haver um cargo de gerente de comunidade em primeiro lugar, é essencial para compreender o que medir. (Comuniquei várias medições para empresas nos últimos anos, uma razoavelmente diferente da outra.)

Os gerentes de comunidade cultivam equipes internas para suporte posterior. Como os gerentes de comunidade são a cara (ou pelo menos *uma* cara) da organização perante seus clientes on-line, promover campeões internos, líderes e outros colegas de trabalho é importante. Uma razão é que você quer que seus clientes e agentes percebam a humanidade dentro da empresa. Outra razão é mais para o benefício da empresa: caso o gerente de comunidade venha a sair da organização, algum nível de continuidade deve ser previsto.

77

Cinquenta passos para estabelecer uma prática de mídias sociais consistente

Você disse ao chefe que vai implementar umas coisinhas de mídias sociais para sua organização e, na sua cabeça, você decidiu que isso significa uma conta no Twitter e um blog. Talvez seja necessário um pouco mais do que isso. Por exemplo, quais são os seus objetivos? Você está lá para mostrar aos clientes e potenciais novos clientes que você se importa? Você está lá para resolver problemas com os clientes? Você está construindo percepção e experimentando novas formas de marketing digital? Saber isso logo no começo faz toda a diferença do mundo.

Enquanto isso, aqui estão algumas coisas que você pode cogitar quando for hora de implementar sua prática de mídias sociais. Estão incluídas ideias para começar, aumentar seus esforços para escrever conteúdo, para os próximos passos e para usar a métrica.

1. Se você tem um blog, faça dele a sua base principal para todos os outros esforços.
2. Releia a seção "passaportes" deste livro e use-a para pensar sobre os esforços para promover o seu blog.
3. Escolha três redes sociais para participar com base em onde os seus clientes podem estar. Três parece pouco, mas provavelmente será muito.
4. Nessas redes e em suas contas-passaporte, certifique-se de linkar tudo de volta para o seu blog.

5. Peça que uma segunda (ou talvez uma terceira) pessoa da empresa crie contas nesses lugares. É bom ter backups, caso você fique ocupado.
6. Crie um calendário editorial para pensar sobre a sua programação de posts e assuntos.
7. Assine 50 blogs ou mais em um espaço parecido com o seu, incluindo concorrentes e blogs de indústrias.
8. Em todos os seus pontos de presença, seja humano e escreva um perfil que pareça humano. Use uma foto bem humana em seu perfil. (Já mencionei *humano*?)
9. Depois de escrever o seu primeiro blog, reserve algum tempo para comentar alguns daqueles 50 blogs, mas *não* fale sobre o seu primeiro post.
10. Monte algumas buscas conforme explicado nas 100 táticas de marcas pessoais deste livro.
11. Certifique-se de que seja fácil assinar o seu blog, através de um leitor e também por e-mail. (Mais de 50% dos assinantes do meu blog estão recebendo o www.chrisbrogan.com por e-mail).
12. Faça checagens periódicas de seu blog/site usando o Website Grader para ver se você está "encontrável" e tecnicamente bem.
13. Use tags e outros metadados para melhorar as características de busca de seu blog. A maioria dos novos softwares de blogs tem isso embutido. Se não, procure plug-ins.
14. Por alguma razão, imagens nos post melhoram a audiência. Verifique o Creative Commons do Flickr para saber como usar as imagens de modo apropriado.
15. Pense em um design com um tema bonito e simples para o seu blog. Existem muitos temas gratuitos para diferentes

blogs; alguns baratos, como o Thesis,[246] valem cada centavo do investimento.

16. Fora de seu blog, atualize/renove a informação de suas redes sociais a cada duas ou três semanas. Use as redes com mais frequência, mas renove seus perfis e outras informações.
17. Procure oportunidades para colocar posts como convidado em blogs populares dentro do seu espaço. Não faça spam nem coloque links demais para o seu próprio site/post. Agregue valor.
18. Nas redes sociais, procure maneiras de contribuir, mesmo quando não diretamente relacionadas à sua empresa ou produto.
19. Continue a construir relacionamentos além de sua necessidade específica. Não tente construir relacionamentos *somente* com clientes, por exemplo.
20. Lembre-se de que as redes sociais são um ótimo lugar para procurar possíveis contratações, concorrentes e tudo o mais.
21. Para criar conteúdo consistente, leia todos os dias, e não somente dentro de sua indústria. Filtre, sintetize e poste.
22. Use arquivos notepad ou Evernote[247] para anotar rapidamente ideias para posts quando você não tem como escrever. Volte a eles com frequência.
23. Pegue a linha de pensamento de outros blogs que você gosta e agregue algum valor além dos links para os posts originais (e *sempre* coloque o link de volta para esses posts).
24. Vá até a banca de jornais e pesquise revistas populares. Molde títulos de posts para a sua área com suas manchetes. (Tiro o chapéu para Brian Clark, que me ensinou isso.)

---

246. http://diythemes.com/?a_aid=t4ag3

247. www.evernote.com

25. Passe os olhos em sites agregadores de notícias, como o Reddit[248] ou o Digg (ou os que forem apropriados para sua área), e crie posts a partir daí.
26. Pergunte ao seu público de que eles precisam, o que estão lutando para conseguir.
27. Revisite um mês de posts e veja o que cobriu menos.
28. Pense sobre coisas que seus clientes, agentes e/ou possíveis clientes poderiam precisar e escreva sobre isso, mesmo se sair um pouco do tópico.
29. Verifique suas estatísticas para ver o que as pessoas estão pesquisando e dedique-se a isso.
30. Use os tópicos de posts[249] citados aqui para se inspirar.
31. Cogite criar materiais adicionais, como livros eletrônicos ou cursos on-line, a partir de seus melhores trabalhos.
32. Diversifique seu blog com vídeo e áudio, onde for apropriado.
33. Pense em construir uma plataforma comunitária em torno de sua plataforma de conteúdo.
34. Convide a sua audiência para postar onde for apropriado.
35. Acrescente plug-ins de bookmarks sociais, como o Add This, ao seu blog para melhorar a distribuição.
36. Procure oportunidades de promoções cruzadas para blogs parecidos dentro do seu espaço.

---

248. http://reddit.com

249. www.chrisbrogan.com/100-blog-topics-i-hope-you-write/ www.chrisbrogan.com/50-blog-topics-marketers-could-write-for-their-companies/ www.chrisbrogan.com/blog-topics-for-business-to-business-customers/www.chrisbrogan.com/keeping-the-blogging-fires-burning/

37. Cogite iniciar grupos em suas redes sociais (como um grupo no Facebook) para discutir mais a fundo o espaço que estão cobrindo.
38. Lembre-se de comentar nos blogs de outras pessoas com frequência e mostre sua participação nas comunidades para estimular o crescimento de sua audiência.
39. De vez em quando, crie versões em PDF de seus melhores posts e envie-os por e-mail para clientes e possíveis clientes para estimular o crescimento de sua audiência.
40. Pense em um motor de conversão, como uma oferta gratuita para ajudar a organizar prospecções de fãs e da audiência.
41. Procure realizar medições depressa, pois isso é quase sempre um fator decisivo para as empresas aderirem às mídias sociais.
42. Crie um relatório simples para mostrar como você relatará o que está fazendo para a alta administração.
43. Defina que números poderiam fazer diferença. Comentários recebidos? Links entrantes? Teve quantos bookmarks?
44. Classifique cada post por sua eficácia com base em seus próprios critérios. Revise semanalmente e mensalmente.
45. Descubra uma métrica de downstream que vise verdadeiro valor negocial. Reduzir custos do call center? Leads de vendas?
46. Nunca conte o número de amigos ou o número de seguidores como uma métrica de valor. Separe a quantidade da qualidade.
47. Assim que puder, encontre maneiras de amarrar seus números aos números de marketing e vendas, onde for apropriado.
48. Passe para a automatização de coleta de números o mais cedo possível. Mantenha as partes que relatam sentimentos humanos.
49. Estabeleça objetivos de três meses para analisar o progresso com a alta administração. Determine se isso está causando algum impacto.

50. Embora as últimas 10 dicas sejam sobre números, *nunca* trate as pessoas como números nas mídias sociais.

Sua opinião pode variar, e alguns destes conselhos vão dos mais simples ao simples demais. Também será necessária alguma customização, dependendo de sua indústria, objetivos e interesses. Considere-os um ponto de partida.

78

Como atingir e influenciar clientes prospectivos

Falamos sobre como as mídias sociais em forma de blogs, podcasts e redes sociais nos ajudarão a aumentar nossos negócios, mas existem muitos tipos de dificuldades. Alguns de nossos clientes não querem dar testemunhos. Outros demoram muito para executar um projeto. E outros encontraram o seu site por acaso, e depende de você segurá-los. Vamos falar sobre esses potenciais primeiro.

Quem são os seus prospectivos?

Existem, é claro, toneladas de maneiras para pensar sobre quem poderiam ser seus clientes em potencial. David Meerman Scott[250] sempre fala sobre a personalidade compradora como uma maneira de entender melhor as pessoas que queremos atingir. Em meus exemplos a seguir, escolhi somente três tipos de novos clientes prospectivos. Existem muitas outras pessoas interagindo com a sua mídia, e depende de você equilibrar seus esforços de modo a alinhá-los com o relacionamento que deseja.

Aqui estão três exemplos prospectivos.

Cliente particular

No exemplo citado aqui,[251] os clientes de GirlPie não querem de fato indicá-la. Isso significa que ela tem um cliente particular. Você

---

250. www.webinknow.com

251. www.chrisbrogan.com/what-do-you-want-next/

poderia dizer que os profissionais de SEO e marketing de busca comumente também têm clientes particulares. Nesses casos, sua audiência não quer avalizar suas capacidades porque eles não querem admitir sua fraqueza anterior ou podem ter outras razões para ficarem quietos.

Cliente recém-chegado

Alguns de nós possuem clientes de empresas maiores que são muito novos. Eles receberam a tarefa de adotar uma estratégia on-line, um plano de marketing de mídias sociais ou algo assim. Esses clientes estão navegando pela rede, fazendo buscas de keynotes e esperando reunir informações suficientes para convencer seus superiores de que eles têm conhecimento suficiente para fazer alguns movimentos iniciais. Essa audiência o recomendará, mas somente depois que tiverem lançado o projeto deles (e, às vezes, é muito depois do momento em que você poderia ter usado a recomendação deles).

Cliente começando do zero

Várias pessoas encontram o seu site através de busca. Talvez você esteja bem classificado no Google para tópicos de blog (esse é quase sempre meu termo número um para buscas), então alguém que estivesse buscando por tópicos para o próprio blog acabaria dando com o seu site e se perguntando o que fazer a seguir. Nesse caso, esses clientes em potencial podem precisar de um pouco mais de conteúdo e direcionamento antes de se tornarem verdadeiros prospectivos (e lembre-se de que neste post estamos falando de *negócios*, não de comunidade ou outras razões para fazer mídia social).

Contatando esses prospectivos

Nos três casos mencionados acima, diferentes ferramentas terão um impacto distinto. Aqui estão algumas sugestões:

- *Clientes particulares.* Pense em fazer um informativo por e-mail com informações discretas que reforcem seus benefícios. Nesse informativo, estimule o encaminhamento. Um e-mail é muito mais íntimo do que um ambiente de blog. Pense em um fórum pago particular on-line que permite o anonimato, se isso for útil.
- *Clientes recém-chegados.* Junto com seus posts na mídia (blogs, podcasts etc.), crie documentos informativos específicos para a indústria deles (ou registros, apresentações), com um olho voltado para o fortalecimento de seus contatos com informações que convencerão a equipe sênior deles a agir.
- *Clientes começando do zero.* De muitas maneiras, a resposta simples é fornecer ótimo conteúdo que seja útil, evocativo e convide a outras perguntas. A partir daí, se você vê alguma resposta que combine com os negócios que oferece, faça o contato. Envie um e-mail. Não faz mal explorar um possível relacionamento de negócios, caso você veja sinais indicando que a pessoa tem uma necessidade que você pode suprir.

Você pode notar que não mencionei muito as redes sociais nesses exemplos. Uso as redes sociais para construir relacionamentos. Faço negócios prospectando através da mídia que crio. Estou nas redes para me conectar, ser útil e aprender coisas novas. Espero que essa distinção faça sentido.

Fazer negócios não é algo do mal

A rede social possibilitou todos os tipos de novas oportunidades para a comunicação. Negócios e vendas são somente uma parte de uma ampla gama de maneiras para nos conectarmos e realizarmos transações. Como acontece com tudo que você e eu temos falado aqui, tudo se resume à clareza de propósito. Se você está vendendo alguma coisa, informe. Se está procurando clientes, fale sobre isso. Se está lá para se educar, tudo bem. As ferramentas são *suas*. Use-as da maneira que desejar. Simplesmente, seja claro e aberto com relação a isso.

O que você acha disso tudo? Identifiquei seu tipo de prospecção aqui? Se não o fiz, me informe através de um comentário em http://chrisbrogan.com/comments-from-101 e podemos abrir a questão para a comunidade. O que você acha?

79

Como o marketing de conteúdo vai bagunçar o coreto

Tem hora que parece que cada vez mais gente abandona seus blogs e podcasts regulares e corre para ferramentas como o Twitter e o FriendFeed. Acabo de visitar o blog de um amigo, preocupado por achar que minha assinatura de RSS não estava ativa, só para descobrir que ele não blogava desde junho. Outro amigo bloga somente links do Twitter agora. O que aconteceu? Por que todos os blogueiros e podcasters estão indo para o Twitter ou o Seesmic ou outras plataformas temporárias que estão no auge?

Uma razão é que produtos como o Twitter, o Seesmic e o Ustream.tv nos propiciam conversas ainda mais rápidas e simples. Não temos que sintetizar a informação, compor a sua posição e criar um post. Ao contrário, os dois lados podem falar sobre coisas de que gostam. Outra razão é que os ciclos de feedback são muito mais apertados quando se faz um ping-pong de ideias em vez do modelo de comentários de um blog.

Mas, poxa vida! Eu certamente sinto falta de vocês, blogueiros e podcasters que conheço e amo. Meu obrigado a Mitch Joel,[252] Christopher S. Penn, Valeria Maltoni[253] e um monte de gente que continua escrevendo e/ou gravando algo interessante e útil diariamente. E o resto de vocês, podem voltar?

---

252. www.twistimage.com/blog

253. www.conversationagent.com

80

Escreva seu perfil no LinkedIn para o seu futuro

Eu estava falando com um dos futuros melhores blogueiros de tecnologia[254] outro dia sobre o LinkedIn, e como eu o vejo. Para mim, o LinkedIn não é um lugar para jogar uma foto de um lugar que você conheceu. É uma oportunidade de ficar conectado com pessoas, de demonstrar onde você está agora e onde planeja ir em seguida. Para esse fim, tenho um pequeno conselho para você pensar em aplicar ao seu próprio perfil.

Primeiras impressões

Primeiro, o título é importante. É o que as pessoas veem quando aceitam seu convite, e é provavelmente a primeira impressão mais rápida que se pode receber. Se você trabalha para uma empresa, coloque o nome dela no título. Quando não vejo o nome de uma empresa, me pergunto se você trabalha sozinho.

Seu resumo

É aqui que acho que se deve trabalhar mais. Quando olho o meu perfil, acho que está um pouco longo demais, mas já fiz o seguinte:

- Começo com o que costumo fazer mais.

---

254. http://shegeeks.net

- Começo com o tipo de negócio que quero fazer.
- Passo para as razões que você teria para fazer negócio comigo.
- Passo daí para todas as nuances do que faço.

Em cada caso, dentro do resumo, você deve planejar escrever com a mentalidade do possível empregador (ou cliente), de modo que quando eles lerem, pensarão "Eu tenho que contratar essa pessoa".

Dica: Atualize o seu perfil a cada duas semanas.

Sua experiência profissional

Aqui, faço uma coisa que você talvez não espere. Certifico-me de que minha experiência passada sustente minhas aspirações presentes e futuras. Escrevo o resumo de experiências passadas de modo a salientar as funções realizadas que serão úteis aos meus objetivos presentes e futuros. Por quê? Porque, se você leu o meu resumo até aqui, você quer ver se minha experiência é relevante.

Dica: Atualize as seções de experiência profissional a cada quatro semanas, mais ou menos.

Passos poderosos: recomendações

Peça recomendações às pessoas. Mas seja inteligente. Peça a pessoas que possam comprovar suas habilidades.

Recebo alguns pedidos de recomendação toda semana de gente que conheço do Twitter. Desculpem-me, mas não posso atestar nada para vocês. Para mim, a reputação do LinkedIn é a parte mais importante do produto. Só recomendo pessoas que eu mesmo contrataria ou para quem trabalharia. As recomendações são uma coisa poderosa.

O que vem depois?

Aqui está uma lista de próximos passos:

1. Revise o seu perfil no LinkedIn. Olhe para ele como se você fosse um novo chefe ou cliente. Você *se* contrataria para fazer algo? Se não, reescreva seu perfil. Mantenha-o enxuto. Edite-o o máximo que puder.
2. Coloque o feed de RSS de seu blog na página de perfil. As pessoas querem mais cores.
3. Acrescente uma foto. Não uma daquelas versões adultas e estranhas de foto de escola. Encontre um bom instantâneo. Se não tiver, vá a um *meetup* de mídias sociais. Alguém vai tirar uma boa foto sua. Preocupado com discriminações? Adivinhe: vão acabar descobrindo. Tire isso da frente logo de cara.
4. Comece a escrever recomendações de qualidade para as pessoas que você pode atestar. Se elas puderem fazer o mesmo para você, peça uma em troca. Se não, dê um tempo. Não faz sentido deixar as pessoas desconfortáveis.
5. Aumente a sua rede. O LinkedIn e eu não concordamos nesse ponto. Eu digo conecte-se com todo mundo. Isso ajuda a construir uma rede. (Recomendo somente as pessoas cujo o caráter ou habilidade posso atestar, e, para mim, esse é o ponto no qual quem você conhece ou não conhece realmente importa.)
6. Continue olhando para o seu perfil e como ele se aplica ao seu futuro.

Dê uma olhada no meu perfil no LinkedIn. Se quiser me contatar, uso o LinkedIn.com/in/chrisbrogan como meu endereço.

E você? O que funcionou bem para você?

81

Pense em um funil de marketing

Brian Carroll deu-me alguns conselhos interessantes em uma entrevista com Chris Coch, na Associação de Marketing dos Serviços de Tecnologia da Informação (Information Technology Services Marketing Association – ITSMA). Ele falou sobre criar um funil de marketing e como seria diferente de um funil de vendas. Para resumir, sua entrevista cobriu cinco pontos:

1. Criar um funil de marketing.
2. Criar uma definição internacional de um lead.
3. Usar o telefone.
4. Perguntar sobre objetivos – não vender.
5. Definir o cultivo de leads – e as pessoas certas a cultivar.

Verifique a entrevista completa para obter mais informações.[255]

Se pensarmos sobre como isso se aplica às mídias sociais, é algo que precisamos considerar de modo (um tanto) diferente.

Você pode estar blogando ou fazendo podcasts para gerar leads. Se for o caso, como está ajudando a distinguir a audiência de seus leads? Se você está fazendo mídia, esse é um ponto de partida para uma conversa. Você está perguntando à sua audiência sobre objetivos? Se você

255. www.itsma.com/NL/article.asp?ID=401

precisar qualificar um lead construído a partir de seus esforços on-line, o telefone será o próximo passo, ou existem passos intermediários?

A ideia de um funil de marketing, onde se constrói ainda mais informação e futuramente se distilam clientes ou clientes prospectivos daqueles que simplesmente estão desfrutando da mídia, é algo a se considerar para os seus negócios. Você olhou para a sua mídia dessa forma? Como irá discernir quem está somente consumindo a sua mídia de quem está interessado em fazer negócios com você? O que vem depois de seu post de blog ou de vídeo?

82

Redes de conteúdo e *storefronts*

Em maio de 2006, escrevi que as redes de conteúdo são os novos blogs. Com todo tipo de informação excelente na rede, postulei que as pessoas começariam a precisar de agregações de conteúdo. Embora muitos de nós, que estamos na rede, saibamos como conseguir nossa própria seleção de material digno de ser lido, o público em geral não quer ter todo esse trabalho. As redes de conteúdo cobrem mais do que somente redes de blogs, e existem outras maneiras de dividir a torta além de só pensar em blogs como plataformas para anúncios. Aqui estão algumas rápidas reflexões sobre as redes de conteúdo e *storefronts*.

Redes de conteúdo

De um lado da equação estão as redes de conteúdo. Elas incluem coisas como Weblogs, Inc., Gawker Media e algumas outras criações de mídia maiores. Elas incluem novas ofertas, como o Edgewards, de Stowe Boyd.[256] De certa maneira, a Alltop pode ser vista como uma rede de conteúdo (embora seja, em grande parte, um agregador que aponta para os sites individualmente.) Até eu fiz uma tentativa nos idos de 2006, com a ajuda de Kevin Kennedy-Spaien, Whitney Hoffman, Becky McGray, Megin Hatch e outros.

Continuo acreditando que existem ótimas oportunidades para redes de conteúdo. Penso que a maioria dos modelos caminham na direção de

---

256. www.stoweboyd.com/message/2008/08/announcing-edge.html

plataformas de anúncios, e tudo bem. É o que as pessoas conhecem e compreendem, e elas estão fazendo um bom dinheiro com isso. Outros estão somente recolhendo coisas boas sob um mesmo banner para que outras pessoas saibam onde encontrá-lo. Mas existem outros modelos.

Storefronts

Outra maneira de usar conteúdo é ajudar as pessoas a vender um produto. Algumas usam isso como parte de seus esforços para fazer marketing de afiliação. Por exemplo, existem sites opinativos construídos essencialmente como um meio de vender produtos. Existem também sites e blogs de cupons, e outras plataformas da rede construídas somente para vender coisas.

Acredito que aqui existe uma oportunidade para blogueiros. Creio que o conteúdo customizado bem articulado seria uma maneira muito melhor de vender produtos e serviços do que os tradicionais anúncios. Mais da metade do que o Copyblogger e o ProBlogger ensinam tem a ver com a capacidade de escrever um bom conteúdo.

Existem algumas maneiras de implementar isso. Poderia ser direcionando para a venda de produtos e serviços, como um modelo de marketing de afiliação. Existem muitos blogs que oferecem ótimo conteúdo em troca de uma potencial renda de vendas para afiliados.

Marketing de conteúdo

Outro modelo é uma ferramenta de geração de leads, como o que o Corante[257] e o Beeline Labs[258] executaram com êxito várias vezes. Nesses

---

257. www.corante.com

258. www.beelinelabs.com

casos, a venda não é direta e relacionada ao site. É mais uma questão de criar um funil de marketing onde existe um ponto de conversão e, depois, os leads se tornam acionáveis para negócios.

Você poderia dizer que o www.chrisbrogan.com segue o modelo de geração de leads. Faço algumas transações com o meu site para a New Marketing Labs ou para palestras. Mas, basicamente, escrevo para informar, compartilhar minhas explorações e sugerir algumas possíveis ferramentas para você pensar.

Planejo investigar vendas de afiliação mais um pouco nos próximos meses, mas não necessariamente no meu site. Em todos os casos, penso que a transparência é a coisa mais importante quando se mistura um site de conteúdo com um site de vendas. Não acho que os dois combinem naturalmente.

Transparência: ainda a parte mais importante

É um pouco difícil para os blogueiros. Estamos revelando nossos relacionamentos? Estamos sendo claros quando temos um relacionamento profissional com algum produto ou serviço do qual falamos? O seu público conhece a sua postura? Seth Godin postou sua posição[259] sobre o assunto. Recentemente, acrescentei uma seção "revelações"[260] no fim da minha página "sobre", para que você saiba onde tenho mais possibilidade de ser tendencioso. (A propósito, se omiti algo que deveria revelar aqui, me mostre e o incluirei.)

Acredito que se você está blogando sobre como um produto é ótimo e está tentando vender aquele produto, você pode mencionar isso

259. http://sethgodin.typepad.com/seths_blog/2008/08/policies-biases.html

260. www.chrisbrogan.com/about

naquele relacionamento. Ao criar a seção "revelações" na minha página "sobre", optei por esclarecer os relacionamentos que tenho com empresas que me deram algo em troca de minha opinião.

Na maioria dos casos tive sorte, porque opinei sobre produtos de que realmente gosto, e desfruto do que eles podem fazer. Quando alguém me envia algo que considero não estar à altura do que promete, então terei que ser honesto quando emitir minha opinião. Isso pode irritar uma empresa e pode causar um problema para o marqueteiro que me enviou o produto, mas, se eu *não* agir dessa forma, o impacto negativo é o seguinte: eu estaria endossando um produto que não aprovo.

Por falar nisso, você acha que todos os produtos endossados na TV são realmente apreciados e usados pelas celebridades? Penso que temos uma oportunidade, como blogueiros, de sermos um pouco mais abertos sobre essas coisas.

Qual é a sua opinião?

As redes de conteúdo, como o império das TechCrunch e da Giga Omni Media (GigaOM), que não param de crescer, são uma coisa. *Storefronts* como a FastForward[261] ou a DailiCandy,[262] convertidas a partir do conteúdo, são outra.

O que você acha desses dois modelos? Consegue ver os benefícios? E onde estão os riscos?

---

261. www.fastforwardblog.com

262. www.dailycandy.com

83

Como fazer mais com menos tempo

Você precisa gerir melhor o seu tempo. Você está procurando dicas para poupar tempo. Seja você uma grande organização, uma equipe de trinta pessoas ou alguém que trabalha sozinho, é praticamente certo que tenha mais trabalho a fazer do que tempo para fazê-lo. Ademais, o esforço exigido para manter-se em dia com as pessoas nas mídias sociais e fazê-lo como um ser humano toma algum tempo. Neste capítulo, falarei sobre como fazer mais com menos tempo. Parte dele será sobre a filosofia que está por trás disso, e a parte seguinte será sobre as ferramentas.

Mais com menos

Acredito que haja duas chaves: (1) Ter um sistema simples e (2) automatizar tudo o que puder. Em ambos os casos, isso propicia mais tempo para fazer o trabalho que é importante para você. Lembre-se de que uma boa fatia de nosso dia é gasta fazendo coisas que não nos dão nada em troca (em qualquer sentido da palavra). Uma parte disso tem a ver com uma perspectiva filosófica a ser considerada, e a outra é puro raciocínio empresarial. Primeiro, vamos falar sobre a mentalidade por trás de um sistema simples.

Tenha um sistema simples

Sou eterno fã do livro *Os 7 hábitos das pessoas altamente eficazes*, do dr. Stephen R. Covey, e também de seu último livro, *O 8º hábito*.

Por isso, esforço-me para começar tendo em mente um objetivo. Isso me ajuda a focar no que deveria estar fazendo. Para aqueles que não o leram, o ponto é, basicamente, o seguinte: O principal é manter o principal como principal.

Parece simples, mas não é. Se você tem coisas grandes e pequenas para fazer, concentre-se nas coisas grandes. Se você preencher o seu dia respondendo e-mails, sua caixa de entrada ficará vazia, mas o trabalho mais importante não será feito.

Se fosse resumir o que penso sobre manter meu dia fluindo bem, seria o seguinte: *O que vai me aproximar mais dos meus objetivos?* (Meus objetivos incluem os objetivos da empresa, objetivos pessoais e familiares.)

Agora, vamos prosseguir com as ferramentas.

Ferramentas para automatizar e liberar mais tempo

Uma vez que você tenha uma ideia do que quer fazer com o seu tempo, você tem que começar a vigiá-lo. Muitas vezes, ao longo de um dia, as pessoas vão exigir um pouco do seu tempo. As distrações vão comendo o seu tempo; uma pausa para descansar pode virar uma lacuna onde você acaba se perdendo. O tempo é a variável com a qual você pode trabalhar mais do que qualquer outra. Aqui estão algumas maneiras de conseguir um pouco mais de tempo.

O AwayFind[263] é uma ferramenta de Jared Goralnick para ajudar a controlar os e-mails menos urgentes. Eu a uso desde que conheci o programa You Are Not Your Inbox,[264] de Stever Robbins. Basicamente, o AwayFind permite que você coloque um pequeno portão em sua caixa

---

263. www.awayfind.com

264. www.youarenotyourinbox.com

de entrada. As pessoas recebem uma mensagem automática de recebimento (você a customiza) dizendo que você recebeu o e-mail delas e que responderá quando puder; *entretanto*, se for algo urgente, eles podem clicar em um link para preencher um rápido formulário.

Isso me permite dizer às pessoas que vi que o e-mail chegou, que vou respondê-lo assim que tiver tempo e que elas podem me avisar se for algo urgente. (A propósito, quatro pessoas preencheram o formulário de "urgente" só para dizer "Eu enviei um e-mail. Você recebeu?". Isso não é exatamente urgência, então ajustei minha mensagem esperando esclarecer o assunto.)

O Jott me permite chamar um número, gravar uma breve mensagem de voz, e essa mensagem sai em formato de texto. Você pode importar sua agenda de endereços para ele e, assim, enviar mensagens para você mesmo como lembretes e depois recuperar a informação. Você também pode enviar breves mensagens de voz para os outros como e-mails de texto. É uma ótima forma de responder enquanto estiver dirigindo.

O Google Voice[265] é um serviço de correio de voz que traduz um discurso para texto. Eu o venho usando há meses em meu celular e estou *adorando* o que ele faz por mim. Quase sempre estou em um lugar onde não posso atender o telefone (reuniões, webnários etc.), mas comumente posso escanear a reprodução em texto da mensagem de voz de alguém com muita rapidez. Retorno muitas vezes usando o Google Voice para cobrir minhas mensagens de correio de voz.

O Google Reader é meu leitor de RSS favorito. Eu o uso para ler blogs e fontes de notícias e também para rastrear informações de mídias sociais de outros lugares. Por exemplo, o Twitter Search tem um

---

265. www.google.com/voice

botão de assinatura de RSS para as buscas que você inventa, então se você precisa fazer um dashboard de algumas atividades de mídia social, jogá-la em um leitor eficiente e rápido é importante. Economizo bastante tempo lendo blogs e escaneando as informações rapidamente com o Google Reader.

O Firefox é um navegador rápido, flexível e customizável. Eu o uso mais do que qualquer outra aplicação em meu computador. Mas o utilizo de maneira inteligente. Uso a função das abas para manter algumas páginas de que precisarei durante o dia (meu leitor de RSS, algumas informações de busca etc.). Também uso todos os atalhos do teclado para que eu possa me mover ainda mais depressa.

O Evernote é uma grande ferramenta para capturar fragmentos de informação. É muito mais poderosa do que isso, permitindo que você tire fotos e tenha um sistema de reconhecimento óptico de caracteres embutido. Ele também tem um cliente móvel para o iPhone e o Windows Mobile, um cliente stand-alone para o Mac e o Windows, e um sincronizador para a Web. Isso economiza o meu tempo de muitas maneiras, incluindo a garantia de ter anotações importantes disponíveis onde eu estiver.

Uso também algum tipo de aplicação de substituição de texto. Eu uso o TextExpander,[266] para o Mac, o tempo todo quando estou digitando. Tenho e-mails completos armazenados e disponíveis lá, assim como vários tipos incríveis de substituição de informação em HTML para me ajudar com as tarefas repetitivas.

Se puder, compre um modem celular wireless para o seu computador. Tenho um no trabalho, e não entendo por que não fiz isso antes.

---

266. www.smileonmymac.com/textexpander

O que faço com tudo isso

Fornecer uma lista de aplicativos e afirmar que isso vai tornar sua vida melhor é como enviar-lhe uma caixa de tinta e desejar sorte em sua nova carreira como retratista. Vamos analisar algumas ideias sobre como fazer mais com menos tempo e como uso a minha filosofia, métodos e ferramentas para conseguir fazer isso:

- Cuide do seu tempo. Se você tem trabalho a fazer, pergunte-se várias vezes se esse trabalho o aproxima de seus principais objetivos. Aprenda a minimizar o trabalho que não faz isso.
- Verifique e-mails com menos frequência em um dia e também não seja escravo de seu telefone. Esquecemos o tempo todo que a finalidade dessas ferramentas é serem úteis e não distrações constantes.
- Um truque: desligue luzes de aviso, botões, sons e outros indicadores; no lugar, programe uma tarefa em seu calendário (ou onde você gerencia seus compromissos) para verificar seus e-mails. (Eu ainda não cheguei tão longe, mas estou batalhando.)
- Encontre espaços de tempo ocioso e use-os para algo produtivo. Quando estou no supermercado, uso o Jott para deixar lembretes de voz para mim mesmo sobre coisas que tenho que acompanhar depois. Quando estou sentado numa sala de espera, leio livros sobre assuntos que cultivam minha carreira. Uso o tempo em que estou dirigindo para *muitas* coisas que se podem fazer na direção.
- Construa seus projetos de forma modular, para que você possa trabalhar neles quando surgir algum tempo. Posts de blogs são um ótimo exemplo. Mantenho um arquivo de texto onde coloco

ideias para futuros posts. Depois, volto a elas e as elaboro de vez em quando (ou deleto, se não consigo lembrar o que significam minhas anotações).
- Adquira modos educados de recusar coisas. Dizemos sim para coisas *demais*. Aprenda maneiras afetuosas e educadas de dizer não. (Stever Robbins[267] tem um grande podcast de áudio sobre dizer não que eu preciso escutar com frequência.)
- Decida quanto de seu tempo ocioso realmente recarrega suas baterias e se uma parte dele é só preguiça.

Sei que tem gente que vai dizer que o descanso é importante, que trabalhar demais é ruim e coisas parecidas. Vocês têm toda razão. Tudo isso é verdade. Adoro relaxar e descansar. Adoro encontrar tempo para descansar e recarregar as baterias, brincar com meus filhos, esse tipo de coisa. O que quero dizer é que se você precisa achar mais tempo existem maneiras de fazer isso.

267. http://getitdone.quickanddirtytips.com/Saying-No-with-Honesty-Respect-and--Style.aspx

84

Criando um marketing de conteúdo honesto

O marketing de conteúdo oferece uma oportunidade, caso você decida aproveitá-la. Em vez de seguir os caminhos do marketing antigo, aqueles que criam conteúdo com a intenção de construir relacionamentos de negócios poderiam tentar seguir o caminho para serem honestos, genuínos, humanos. Não é mais difícil do que a alternativa de maquinar alguma coisa que seja desonesta, mas talvez mais atraente. A questão é: se você começa sendo honesto e genuíno, existe uma chance de que as pessoas lhe deem pontos extras por isso, mais cedo ou mais tarde.

Em um post recente, Seth Godin nos deu algumas sugestões[268] para contar histórias, e o melhor de tudo está no final do post:

> Comece com a verdade. Identifique a visão de mundo das pessoas que você precisa atingir. Descreva a verdade através da visão de mundo delas. Essa é a sua história. Quando você tenta demais alcançar, acaba falhando. Não hoje, mas mais cedo ou mais tarde, a verdade prevalecerá. Negativo ou positivo, o desafio não é só dizer a verdade. É dizer a verdade que tem ressonância.

Em seu post[269] sobre uma série de vídeos virais criada pelo OfficeMax, B. L. Ochman cita Vinny Warren falando sobre como as palavras

---

268. http://sethgodin.typepad.com/seths_blog/2008/08/creating-storie.html

269. www.whatsnextblog.com/archives/2008/08/dear_agencies_you_cant_control_the_message_get_over_it.asp

alcançam um tom maior no discurso de marketing: "... *engraçado* se torna *hilariante, e interessante* se torna *fascinante*".

É exatamente aí que começam os problemas.

Keith Burwell escreve em seu blog Better Closer sobre o programa de desconto para empregados da GM,[270] e o fato de todos sabermos disso significa que a GM não está vendendo carros o suficiente.

Vê a ligação?

Torne suas criações honestas e abertas. Por que não? Parece-me que a maioria das coisas funcionaria melhor desse modo. Estou errado?

---

270. http://bettercloser.com/2008/08/20/when-it-comes-to-sales-strategy-dont-be-a-gm /

85

Como eu faço

Quando encontro pessoas de um grupo pela primeira vez, uma pergunta que sempre surge é "Como você encontra tempo para fazer tudo que faz?". Elas estão se referindo aos posts de blogs diários, ao Twitter, às palestras em eventos, às conversas, ao meu emprego atual e à minha vida familiar. Sempre respondo, *meio* que brincando, que sou um bom digitador. Mas é só *meio* brincando. Digitar faz parte. Mas posso compartilhar mais.

Observação: Diverte-me que as pessoas sempre me digam que pareço muito ocupado. (1) Eu sou. (2) Tudo bem. Isso é bom. (3) O dia de Gandhi tinha o mesmo número de horas que o meu. O tempo nunca é a resposta. Aprenda a dominar o seu calendário ou ele o dominará.

Não durma até tarde

Tenho ajuda neste departamento (crianças).

Mas penso que dormindo não mais do que seis horas (não recomendado, mas você perguntou!), ganho algumas horas a mais no dia.

Não assista à televisão

Não tenho TV a cabo. Assisto a alguns filmes, algum material em vídeo da internet, bem dosado, mas não tenho o hábito da TV. Isso me proporciona algumas horas a mais todo dia que alguns de vocês ocupam de outras maneiras.

Pense enquanto faz outras coisas

O dia todo, minha cabeça está formulando informações. Penso sobre coisas que li e pesquisei, coisas que aprendi tentando e errando, e coisas que captei em conversas e outros meios de aprendizado. Mas o meu *processamento* desses dados continua quando estou no supermercado, no posto de gasolina ou indo para o trabalho. Isso me dá a oportunidade de escolher como uso a informação que recolho.

Às vezes, é apropriado para o trabalho. Por exemplo, tenho um prazo final para publicar meu informativo (de trabalho), então, estou lendo sobre as tendências das tecnologias emergentes. Mas em vez de somente ler sobre elas, quando estou parado na fila esperando que o homem na minha frente pare de discutir com o caixa eletrônico, fico pensando em como a aquisição da EDS por parte da Hewlett-Packard faz progredir a mentalidade de processamento de negócios para além da computação tradicional da TI.

Leia gente boa

O dia inteiro aprendo com gente dentro e fora do meu espaço. Uso o Google Reader para assinar muitos blogs de vários interesses. Também leio livros diariamente e artigos de revistas com frequência. Ler e aprender coisas boas me ajuda a inventar coisas ótimas para minha escrita.

Ah, e vejo o TED, o Pop!Tech[271] e outras coisas inteligentes também.

---

271. www.poptech.com

Pratique e digite muito

Quer saber meu segredo para escrever bem? Escrever sempre. Escreva muito. Leia em voz alta. Escreva mais ainda. Quanto mais eu digito, melhor consigo formular meus pensamentos, mais facilmente minha linguagem flui de uma maneira que ajuda você a ler, compreender e encontrar partes em que possa agir.

Coisa de laboratório

Muito bem, para a rodada de bônus, vou falar sobre o processo todo, tudo em um lugar, de uma maneira que você possa entender. Não conte para ninguém. Shhh. Chegue mais perto.

Essencialmente, acredito que estamos escrevendo um novo tipo de código (como um software, mas também como em genética, e também como um código secreto). Esse código exige uma interface humana, que somos *nós*, mas também é a maneira como usamos as ferramentas e os aparelhos que escolhemos para disseminar informação. O que estou fazendo, mais do que qualquer outra coisa, é tentar usar essas ferramentas, dominá-las e compreender como isso se relaciona às necessidades humanas, ao comportamento humano, e como posso estimular comportamentos que direcionem para certos padrões que sejam adequados ao meu intuito original.

Programação. Estou aprendendo a programar, e para fazer isso tenho que escrever muitos códigos.

Por quê? Para ser útil. Para saber como me conectar com outras pessoas. Conheci algumas pessoas brilhantes recentemente, e meu primeiro pensamento foi "Como posso laçar essas pessoas para dentro da rede, de modo que elas forneçam recursos para outras pessoas?".

Deixe-me recapitular tudo isso: estou aprendendo a usar essas ferramentas para construir redes humanas, e depois usar o que aprendi para ajudar outras pessoas a alcançar seus objetivos negociais e organizacionais.

Como? Não durmo e digito muito. Certo? Talvez seja só isso. Você decide.

86

O que quero que os profissionais de RP e marketing saibam

Dado que muitas pessoas que aparecem em meu blog são da área de marketing ou relações públicas, quero me dirigir especificamente a vocês por um momento. Estou escrevendo para vocês como parte desta nova versão de mídia, como um blogueiro que não é pago para blogar, que não trabalha para um jornal ou revista, que não está especialmente comprometido com as tradições que vieram antes. Estou escrevendo para vocês como um ser humano que gosta de gente, comunidade, inovação e negócios, sem falar em arte, criatividade, diversão e muitas outras coisas. Quero propor algumas coisas para vocês considerarem.

- As mídias sociais não são assustadoras, mas são diferentes daquilo que vocês vêm fazendo. Por exemplo, são muito mais bagunçadas e exigem muito mais suporte.
- Você tem *muito* a ganhar descobrindo essas ferramentas e o modo como as usamos. E, ao contrário dos negócios tradicionais, a maioria de nós, das mídias sociais, é muito disposta a compartilhar o que sabe. É só perguntar.
- Adoro todos que se esforçam para me conhecer antes de vender ou promover alguma coisa para mim. Funciona muito melhor quando você e eu conversamos, *sem* promover nada, anteriormente. E dar um olá leva somente alguns minutos de vez em quando.
- Estou cansado de adjetivos. Seu novo site não é inovador. Essa palavra não significa mais nada para mim. Ademais, deixem que *eu* decida se ele é inovador.

- Os blogueiros não são todos iguais. Definitivamente, não sou igual a Michael Arrington, do TechCrunch. Não sou igual a Seth Godin. Não sou igual à maioria dos blogueiros. Estou só fazendo as minhas coisas, e eles fazem as deles. Vale a pena saber quais de nós você está tentando alcançar e para qual finalidade: leia as últimas 10 coisas que postamos, só para ter uma ideia se somos o tipo correto de pessoa para escrever sobre as suas coisas.
- Blogar não é o mesmo que soltar materiais de marketing.
- Colocar comerciais no YouTube não é fazer um videoblog.
- Em plataformas sociais como o Twitter ou o Facebook, seja, *antes de tudo,* humano. Conheço Lionel Menchaca como um ser humano *e* como funcionário da Dell. Você pode fazer o mesmo.
- Compreender o Technorati, o Google Blog Search e o Summize o ajudará muito a ouvir e escutar o que as pessoas estão falando sobre você, seu cliente, e daí por diante.
- Você está fazendo coisas ótimas aqui e ali. Às vezes, você é reconhecido por isso. Outras vezes, pode passar despercebido. Mesmo assim, é ótimo.
- Coisas ótimas são apagadas rapidamente quando você faz algo errado.
- Se fizer algo errado, peça desculpas depressa. Reconheça que cometeu um erro e trabalhe no que pode melhorar da próxima vez.
- Existem muitas coisas que vocês podem ensinar a nós, criadores de mídia, também. Aprendo muito com vocês todos os dias. Faço isso através de telefonemas e lendo o que vocês me enviam. O benefício é mútuo.

Pronto. É isso o que eu queria dizer a vocês.

87

Os melhores conselhos de chrisbrogan.com para as mídias sociais

Sou apaixonado por certas estratégias casadas com certas tecnologias que permitem aos indivíduos e empresas construírem coisas: reputação, confiança, marca pessoal, comunidade, relacionamentos e até mercados. Meus esforços para cobrir mais histórias, ferramentas, estratégias e outras coisas nos últimos meses forneceram muito a ser considerado. Mas os blogs são um método difícil de aprender e refletir. Eles são como um rio que corre, e se você sai dele por um momento, um determinado ponto do rio passará por você.

Por isso, fiz várias listas de posts em meu blog, www.chrisbrogan.com, agrupados por categoria, que creio poderem ser úteis para você. Examine-os quando sentir vontade. Sinta-se livre para escolher os tópicos de que mais gosta. Espero que isso seja útil.

Tem muita coisa aqui. Se você quer ler mais, assine o meu informativo gratuito, que tem ainda mais conteúdo original. Obrigado! Com muito a fazer, aqui estão listas de posts de blogs que você pode encontrar em www.chrisbrogan.com.

Desenvolvimento de comunidades

- Compreendendo as estratégias de desenvolvimento da comunidade.
- Maneiras de interromper uma comunidade.
- Por que desenvolver comunidades.

- O seu pequeno negócio deve usar as ferramentas de comunidade.
- A cauda longa da comunidade.
- Se as comunidades são meros grupos de marketing.
- A mágica de incluir as pessoas.
- Conhecendo pessoas em eventos.
- O jogo da comunidade.
- O ecossistema da comunidade.
- Como os blogs melhoram o atendimento ao cliente e o desenvolvimento de produtos.

Redes sociais

- Três coisas que o LinkedIn faz melhor do que o Facebook.
- Como eu uso o Facebook.
- Coisas para fazer no Facebook.
- Facebook – deixe-me ver meus amigos.
- Ajuste o seu perfil no Facebook agora.
- O Facebook e o gráfico social – quem se beneficia.
- Cinco coisas para fazer no LinkedIn.
- Pensando na etiqueta social.
- As redes sociais são os bares locais.
- Por que participar de outra rede social?
- Os marqueteiros no mundo das redes sociais.
- Redes sociais reais, vivas, humanas.
- A socialização em espaços reais comparada com as redes sociais.
- Fazendo as redes sociais funcionarem.
- Melhore a sua rede social.
- A importância de uma rede social humana.
- Três valores inexplorados das redes sociais.
- Cinco coisas para fazer em um *meetup* de redes sociais.

Mídias sociais

- O pacote inicial das mídias sociais.
- Meu kit de ferramentas das mídias sociais.
- Um exemplo de kit de ferramentas para as mídias sociais.
- Participação – a chave para as mídias sociais.
- Mídias sociais – conversar sai mais barato para as empresas.
- Como as grandes empresas poderiam usar as mídias sociais.
- As mídias sociais dentro do firewall.
- O segredo do poder das mídias sociais – escutar.
- Pequenas empresas e as mídias sociais.
- As mídias sociais são um conjunto, não uma parte.
- As mídias sociais e a sua carreira.
- Ajude alguém a compreender as mídias sociais.
- As mídias sociais como poder pessoal.
- A enganação nas mídias sociais.
- Usando as mídias sociais para conhecer pessoas.
- Primeiros passos nas mídias sociais para artistas.
- Primeiros passos nas mídias sociais para imóveis.
- Primeiros passos nas mídias sociais para autônomos.

Twitter

- Como uso o Twitter.
- O Twitter mais a fundo – ajustando o Twitter para obter valor.
- Guia do Twitter para novatos.
- O Twitter como comentário de diretores.
- O Twitter como órgão consultivo.

Construindo sua marca pessoal

- O poder da liderança pessoal.
- Dividindo o tempo em um ambiente presencial.
- Histórias de marcas.
- Algumas breves dicas para a construção de marcas para indivíduos.
- Os fundamentos de seu poder.
- Escalabilidade pessoal.
- Marcas pessoais e as mídias sociais.
- A paixão conduz a marca pessoal.
- Elementos de uma marca pessoal.
- Desafios dos que trabalham com mídias sociais no local de trabalho.
- O valor das redes.
- Dimensionando a si mesmo.

Fazendo mídia

- Por que criar uma mídia pessoal?
- Qual é a sua estratégia de mídia social?
- Os próximos passos do criador de mídia.
- Conselhos para blogar um nível acima.
- Expanda o seu público.
- O futuro do microconteúdo e da mídia hiperlocal.
- Por que se dar o trabalho de fazer blogs, podcasts e usar as redes sociais?
- Pense em sua estratégia de mídia como empresa.
- Mídia de marketing significa momentos que importam.
- Usando o compartilhamento social para divulgar sua mensagem.
- A performance e sua audiência – dicas para blogar.

- Conselhos para as mídias de notícias tradicionais locais.
- Colocação de tags e metadados e por que se dar esse trabalho.
- Uma estratégia de jornal dominical para empresas tradicionais.
- Promovendo a sua mídia.
- O poder dos links.
- 20 projetos de blogs para você.
- Prosperando na mídia independente on-line.
- Sete melhoramentos para o seu blog que você pode fazer hoje.
- Mantendo o fogo de blogar aceso.
- 100 tópicos de blogs que eu espero que você escreva.
- 100 tópicos de podcamps para você cobrir.

Estou escrevendo coisas novas o tempo todo no www.chrisbrogan.com. Se você está lendo isso pela primeira vez, por favor, pense em assinar meu blog gratuitamente. Se você já é assinante, não esqueça de obter o conteúdo totalmente novo e diferente publicado pelo menos duas vezes por semana em meu informativo. Agradeço a sua atenção e o seu tempo.

Agradecimentos especiais a Alexa Scordato[272] *por compilar esses dados em meu nome. Deu bastante trabalho. Obrigado!*

272. http://alexascordato.com

Agradecimentos

Agradeço a Matt Holt e Shannon Vargo, da editora Wiley, por toda a sua gentileza durante o processo; e um agradecimento extra para Shannon, por pegar meu tweet aleatório e transformá-lo numa ideia para um livro.

Índice

A

B

Entradas seguidas por um n indicam notas de rodapé com URL.

C

D

E

F

G

H

I

J

K

L

M

N

O

P

Q

R

S

T

U

Este livro foi impresso pela RR Donnelley Editora
e Gráfica Ltda. para a Editora Prumo Ltda.